운동 자립

운동을 시작한 당신이 알아야 할 모든 것

황 관장 지음

3rd.Party Solution

운동 자립 - 운동을 시작한 당신이 알아야 할 모든 것
1판 1쇄 발행 2025년 07월 07일

지은이   황관장   편집인   정지혜
표지 및 발행처   써드파티솔루션
주 소   서울시 금천구 금하로 755-3 써드파티솔루션
대표전화   +82 0507 1375 1688
홈페이지   trinicos.co.kr   E-mail   hyh@trinicos.co.kr
등록 : 2025년 5월 20일 제 2025-000056호
ISBN : 979-11-992961-0-7   03590
ⓒ 황영현 2025

* 이 책은 저작권법에 따라 보호를 받는 저작물이므로 무단전재와 무단복제를 금지합니다.
* 이 책의 전부 또는 일부를 이용하려면 반드시 저작권자의 동의를 받아야 합니다.
* 이 책의 〈예시 및 사례〉에 등장한 모든 인물, 이름, 집단, 사건 및 상표는 허구이며 실존하는 것들을 기반으로 하지 않았습니다.
* 책 값은 표지 뒷면에 있습니다.
* 잘못된 책은 구입처에서 교환해 드립니다.

운동 자립

운동을 시작한
당신이 알아야 할 모든 것

차례

서문   8

제1부.   준비

제1장.   체력의 종류는 얼마나 많으며,
         어떤 방법으로 획득할 수 있는가?   15
제2장.   몸에 대한 문제는 결국
         죽음에 대한 문제로 이어진다.   27
제3장.   운동을 한다는 것은 쉬운 일이 아니다.   32
제4장.   왜 당신은 운동을 통해 건강해
         지려고 하는가?   35
제5장.   지나치게 발달한 피트니스 산업은 오히려
         당신을 혼란스럽게 만든다.   42
제6장.   건강을 위한 5가지를 지키며,
         실천하는 방법.   54

제2부. 지식

제7장. 건강한 음식을 먹는다는 것　　65

제8장. 운동을 위한 단순한 영양학　　76

제9장. 단백질 파우더와 같은

　　　　보충제를 먹어야 할까?　112

제10장. 조금의 관심과 노력도 없이

　　　　좋은 결과를 얻고자 하는 사람들에게　　146

제11장. 드디어 운동할 결심이 생겼다면　147

제12장. 왜 흔들리지 않는 강한

　　　　마음가짐이 필요한가?　　157

제13장. 보디빌딩, 파워리프팅

　　　　그리고 기능성운동에 대하여　　170

제3부.   실천

제14장. 앞으로 해야 할 것은 바로 이것이다.   176
제15장. 걷기가 운동이 아니라고 말하는
   사람들에 대하여   197
제16장. 3개월 만의 변화,
   환상과 거짓말에 대해   202
제17장. 몸이 바뀌려면
   얼마나 운동해야 하는가?   217
제18장. 본격적인 훈련의 시작.
   4단계 과정   220
제19장. 적어도 사기를 당하지 않는 방법   229
제20장. 유산소 운동을 해보자   253
제21장. 근력운동을 해보자   274
마지막장. 운동은 어렵지 않다   308

부록

A. 다이어트약이 해결책이 될 수 있다?   312

B. 헬스 기구의 역사   319

C. 훈련을 점차 발전시키고 성과를 추적하는 방법 324

D. 의약품 정보 검색의 방법   328

생각을 정리하는 지면   334

서문:
이 책은 한 평범한 체육관 관장이 회원들에게 자주 하는 잔소리들을 정리한 것이다.

자라는 동안 부모님과 어른들께 다양한 잔소리를 들으며 자랐다. 생각이 부족하고, 행동이 부주의해서 그랬을 것이다. 잔소리를 많이 들은 탓인지 운동을 지도할 때 회원들에게 잔소리를 많이 하는 편이다. 사실 잔소리의 특성상, 조금 밖에 말하지 않아도 누군가에게는 과할 수 있고, 어떤 사람에게는 수백 마디를 해도 모자랄 것이다. 그것이 잔소리의 특성이 아닐까 생각한다.

잔소리는 사실 썩 듣기 좋은 말은 아니다. 운동을 가르치는 사람으로서 이미 다 자란 성인을 대상으로 잔소리를 할 때면 항상 조심스럽다. 혹시라도 듣고 기분 나쁘지는 않을까? 또는 의기소침해 운동에 대한 흥미를 잃지는 않을까? 같은 여러가지 생각들을 하게 된다. 이런 생각들은 잔소리를 하고 나서야 떠오르고, 그 말들을 그제야 되짚어 본다. 그래서 잔소리는 어느 정도는 맞는 말이어야 말한 사람도 후회가 없다. 타인에게 잔소리를 많이 하는 만큼, 나, 자신이 '바른 사람'인지는 모르겠지만 적어도 운동에 있어서는 바른 말을 하려고 늘 노력한다.

운동을 배우는 사람들은 대부분 자신의 삶이 더 나은 방향으로 나아가도록 노력하는 사람이라고 생각한다. 그래서 항상 회원들에게 마음이 쓰인다.

운동을 가르치는 일은 어느 정도 신경을 쓰지 않을 수 없는 일이다. 또 사람의 몸은 생김새가 다르듯, 각자의 근력과 유연성 같은 신체 능력도 천차만별이라, 회원을 일정 수준 이상 지도할 수 있을 만큼의 경험과 지식이 쌓이기 전까지는 운동을 가르치는 일이 결코 쉽지 않다. 그리고 누군가를 가르치는 직업의 특성상 항상 '왜?' 라는 질문과 그에 대한 답을 위해 자료를 모으고 정리하는 습관이 필요하며, 사람을 상대하는 직업이기에 코치 또는 트레이너라는 직업은 잘 하려하면 피곤한 직업이다. 심지어 정직하게 가르치면 돈도 많이 벌지 못한다.

사람들에게 운동을 가르치는 일을 업으로 삼아 생계를

해결하는 코치나 트레이너는 대부분 자신이 지도하는 사람이 건강해지고, 잘되기를 바란다. 그리고 그 바탕에는 자신이 가르치는 운동을 좋아하는 마음이 있다.

사실, 트레이너라는 직업에 대한 인식은 썩 좋은 편이 아니다. 과거에도 좋지 않았으니, 새삼스러울 것도 없다. 그에 관한 이야기는 이미 많이 들어 잘 알고 있을 것이라 생각하며, 굳이 안타까운 이야기로 지면을 길게 낭비하지는 않겠다. 단, 개인적인 생각을 덧붙이자면, 나는 직업의식 없이 행동하는 코치나 트레이너를 같은 업계에 종사하는 동료라고 생각하지 않는다. 그들도 나처럼 말이 많고, 이미 나이를 먹을 만큼 먹어 잔소리나 늘어놓는 '꼰대'를 반기지는 않을 것이니 서로에게 참 다행스러운 일이다.

직업의식과 윤리의식이 부족한 트레이너가 너무 많이 생겨난 이유는, 장시간 기형적으로 발달하고, 유지되어 온 피트니스 산업의 구조적 문제와, 일신의 영달을 위해서는 자신의 주변 사람뿐만 아니라 공동체의 위기를 불러와도 된다고 생각하는 사회적 분위기가 만들어 낸 결과다. 이 책의 지면을 위와 같은 구조적 문제를 논하는 데 쓰지는 않겠다. 그리고, 이 책은 그런 의식 없는 자들의 만행을 고발하기 위해 쓴 것이 아니다. 이 글을 쓰는 '나'는 그저 잔소리가 좀 많은, 피트니스 업계를 알만큼 아는 작은 체육관의 평범한 관장일 뿐이다.

글을 쓰는 수많은 작가들처럼 이 책이 최대한 많은 사람에게 읽히기를 바란다. 만약 고리타분한 사회 문제를 논하는데 지면을 대부분 할애한다면, 이 책은 아마도, 냄비받침으로도 쓰이지 못할 것이다. 그것은 이 책을 만들기 위해 도움과 영감을 준 사람들에게 적잖이 미안한 일이 될 것이다.

평상시 말하는 것처럼 두서없이, 가볍게 쓸 수는 없어, 어느 정도 형태를 갖춰 쓰려고 노력했다. 그러니 장황하고, 어색한 문장들은 너그러운 마음으로 봐주길 바란다. 체육관 관장이란 직업은 아무래도 연필보다는 바벨을 잡는 시간이 더 길다. 이 책을 요약하면, "사람들에게 운동을 가르치는 작은 체육관 관장이 운동을 시작한 사람들에게 하고 싶은 잔소리 모음집"이다.

만약, 당신이 운동을 해본 적 없는 사람이라면, 이 책에서 얻을 수 있는 정보가 운동을 시작하며 생기는 두려움을 어느 정도 해결해 줄 것이다.

만약, 당신이 운동을 어느 정도 해본 사람이라면, 이 책에서 얻을 수 있는 정보가 당신이 운동하며 얻은 지식과 경험을 어느 정도 체계화하는 데 도움을 줄 것이다.

만약, 당신이 운동선수라면, 운동을 해보지 않은 지인들에게 운동에 대해 가볍게 설명하는데 이 책이 도움을 줄 것이다.

그렇다. 이 책은 최대한 많은 사람이 읽을 수 있도록, 매우 평범한 내용에 다소 비범해 보이는 몇 문장을 한 스푼 정도 넣은, 매우 가볍게 읽을 수 있는 책이다. 그러니 부담 없이 읽기를 바란다. 책을 쓰고 보니 좋아하게 된 '말'이 하나 생겼다.

"책은 일단 사서 책장에 꽂아두는 것이다."

너무나도 감사한 말이 아닐 수 없다. 이 책을 읽는 당신이 책을 구매했든, 도서관에서 빌렸든 상관하지 않겠다. 만약 구매했다면, 더욱 감사드린다 전하고 싶다.

누군가 이 책을 통해 운동을 시작하고 즐기게 되었다면,

그보다 더 보람찬 일은 없을 것이다. 그러니 도서관이나 지인에게서 빌려 읽은 당신에게도 감사의 마음을 전한다.

쓰다 보니 서문조차도 길어진 느낌을 지울 수 없다. 하고 싶은 말이 많은 사람은 늘 이런 식이다. 더 길어지기 전에, 몇 문장을 끝으로 서문을 마무리 짓겠다.

우연히 마키아벨리의 『군주론』을 읽다가 이 책을 쓸 결심을 하게 되었다. 그래서 일면식도 없는 마키아벨리 선생께 약간의 빚을 진 기분이다. 그렇다고 해서 마음의 부채를 갚을 생각은 크게 없다. 배은망덕한 동양의 체육관 관장을 이해해 주실 것이라 믿는다.

이 책을 선택한 독자분들께 거듭 감사의 마음을 전한다. 그리고 당신이 항상 건강하기를 바란다. 운동을 하다가 조금 힘들더라도 잘 이겨내고, 결국에는 웃을 수 있기를 바란다.

진짜 마지막으로 많은 것을 이해해 주는 아내와 가족, 그리고 항상 재미없는 농담을 받아주는 몇 안 되는 친구들과 회원님들께도 고마움을 전한다.

2025년 5월 어느 하체 운동이 잘 되던 날

제1부. 준비

1장.
체력의 종류는 얼마나 많으며,
어떤 방법으로 획득할 수 있는가?

"건강한 신체에 건강한 정신이 깃든다" - 유베날리스

 현대인들은 끊임없이 건강을 원하지만, 만족할 만한 수준의 건강을 얻지 못하고 있다. 마치 '군주'가 영토를 넓히고, 부유한 강대국이 되고 싶어 하면서도 그 방법을 알지 못하는 것처럼, 많은 사람들이 건강한 삶을 원하면서도 그 방법을 알지 못한다. 알고 있어도, 단편적 지식과 경험에 근거한 방법론일 뿐이며, 바쁜 일상 때문에 실천하지 못하고 있다.

 [사례]

 어느 평범한 아침, 경기도 동탄에 거주하는 직장인 '수영'

씨는 여느 때와 같이 지하철을 타고 출근길에 올랐다. 그의 하루는 1시간 30분의 출퇴근, 9시간 동안 앉아서 하는 업무, 그리고 퇴근 후 약간의 여가로 이루어진다. 그가 실제로 몸을 움직이는 시간은 하루 중 얼마나 될까? "운동을 해야 하는 건 다 알아요. 다들 해야 한다고 그러죠. 하지만 도대체 언제, 어떻게 시간을 내서, 해야 할지 모르겠어요."

위 사례는 대한민국에서 살아가는 평범한 사람들의 일상을 그대로 보여준다.

인간의 몸은 원래 활발하게 움직일 수 있도록 설계되었지만, 현대인은 좀처럼 움직이지 않는다. 스마트폰이 기록하는 하루 평균 걸음 수는 고작 5,000보 남짓이다. 매일, 피곤해 움직이지 않는 시간들이 채워질수록 체력은 점점 소모된다.

'체력'은 삶을 풍요롭게 만드는 기본적인 에너지다. 자동차를 주기적으로 점검하듯, 우리의 몸 또한 꾸준한 관리가 필요하다. 그러나 대부분의 사람들은 이 '관리'의 방법을 잘못 알고 있거나, 아예 모르고 있다.

오늘날 우리 사회에서 체력이 지니는 의미는 과거와는 다르다. 고대 로마의 시민들이 전쟁을 치르고, 생계를 유지하기 위한 '체력'을 필요로 했다면, 현대문명을 살아가는 우리는 매일 반복되는 일상을 견뎌내기 위한 체력이 필요하다.

당신이 평범한 회사원이라면, 날씨가 아무리 좋지 않아도 출근할 수 있는 지구력과 끈기, 인내심이 필요하다는 사실에 당신은 공감할 것이다. 그렇다면, 체력이란 무엇인가? 사전적 정의는 아래와 같다.

"육체적 활동을 할 수 있는 몸의 힘. 또는 질병이나 추위 따위에 대한 몸의 저항 능력."

체력은 '어떤 일을 할 수 있는 신체적 능력'이다. 사람들은 살아가는 동안 끊임없이 무엇인가를 하고, 그 일을 더 잘 해내기 위해 체력을 기르기를 원한다. 그래서 많은 사람들이 체력을 기르기 위해 운동에 도전한다. 그러나 대부분 옆에서 지켜보면, 3개월도 되지 않아 운동을 포기한다.

실패하는 이유 중 한 가지는 아이러니하게도 체력이 없기 때문이다. 체력을 기르기 위해 운동을 시작하지만, 정작 체력이 부족해서 실패한다.

체력을 기르고, 건강하고, 기능적으로 뛰어난 몸을 유지하는 일은 하나의 긴 전투와 같다. 죽을 때까지 자신의 게으름과 편안한 환경, 맛있는 음식에서 오는 유혹에 맞서 싸워야 한다. 매일 같이 반복되는 수천 번의 자신과의 전투를 이겨낼 때 비로소 원하는 몸과 강한 체력을 얻을 수 있다.

이 싸움은 짧은 시간 동안 단, 한 번 일어나고 끝나는 전투가 아니다. 평생에 걸쳐 이어지는 지루하고 고된 싸움이다. 그렇기에 반드시 전략적으로 접근해야 한다.

모든 전투의 시작은 정복해야 할 대상을 정확히 아는 데서 출발한다. 오래된 표현이지만 "적을 알면 백전백승은 아니라도, 적어도 지지는 않는다고 했다." 따라서 당신이 가장 먼저 해야 할 일은, 정복해야 할 대상인 '체력'에 대해 자세히 알아보는 것이다.

앞서 말했듯이 체력은 '어떤 일을 할 수 있는 신체적

능력'이다. 이 문장에서 당신이 자세히 알아야 할 중요한 단어는 '신체적 능력'이다. 즉, '신체적 능력'이 무엇을 의미하는지도 모른 채 좋은 전략을 세우고 좋은 몸과 체력을 얻는 것은 불가능하다. 자세하게 말하면, 분명 지루할 테니, 아래에 제시한 체력에 대한 요약된 설명을 기억해두길 바란다.

신체적 능력은 다음과 같이 여섯 가지로 구분할 수 있다.

1. 근력 : 근육이 발휘하는 힘
2. 근지구력 : 근육을 오랫동안 지속적으로 사용하는 능력
3. 심폐지구력 : 체내의 산소를 효율적으로 활용하는 능력
4. 유연성 : 근육과 관절의 가동 범위를 자유롭게 활용하는 능력
5. 민첩성 : 빠르게 반응하고, 움직이는 능력

6. 협응력 : 여러 신체 기능을 조화롭게 협동해 사용하는 능력

위 여섯 가지 신체적 능력은 각각 특성이 다르며, 모두 신체적·정신적 훈련(트레이닝)을 통해 개발하고 발전시킬 수 있다. 이 책에서는 다행스럽게도 당신에게 심오한 정신 수양이나 고행에 가까운 훈련을 요구하지 않는다.

올림픽에 출전하는 국가대표처럼 극한의 체력 및 정신력을 기르기 위해 모든 신체 능력을 완벽하게 갖출 필요는 없다. 당신은 평범한 일상을 더 잘 살아가기 위해 필요한 능력부터 만들어 나가면 된다.

여섯 가지 신체적 능력 가운데, 일상을 살아가는 데 가장 중요한 세 가지는 심폐지구력, 근력, 그리고 유연성이다. 이것들 중, 가장 중요한 요소는 '심폐지구력'이다.

"심폐지구력은 숨을 들이마신 뒤, 받아들인 산소를 혈액을 통해 신체 각 부위로 원활하게 전달하는 능력이다."

그렇다면 왜 심폐지구력이 가장 중요할까? 현대인이 가장 두려워하는 질병 중 한가지는 '암'일 것이다. 평상시 건강에 관심이 많으며, 꾸준하게 운동을 하는 '나' 또한 암은 두려운 질병이다. 암이 얼마나 심각한 병인지는 잘 알고 있다. 그러니 오해 없이 다음 문장을 읽어 주기를 바란다.

'신체 활동'의 관점에서 보면, 대부분의 암 환자들은 여전히 일상생활과 가벼운 산책 정도는 가능하다. 이에 반해 심혈관계 질환자들은 '삶의 질'의 측면에서 암 환자보다 더 심각하다. 뇌졸중이나 심장마비와 같은 심혈관계 질환은 한 번의 발병만으로도 자유로운 신체 활동이 불가능해질 수 있다. 남은 삶의 대부분을 침대에 누워 지내거나, 보행 보조 기구에 의존해야 할 수도 있다. 이러한 사실은 누구에게나 매우 두려운 일일 것이다. 심폐지구력의 향상은 심혈관계 질환의 발병 위험을 낮추는 데 결정적인 역할을 한다. 그렇기에, 삶의 질을 떨어뜨리지 않고, 인간다운 일상을 유지하기 위해 반드시 먼저 갖춰야 할 신체 능력은 바로 심폐 지구력이다.

'심폐지구력'은 단지 체력의 한 요소가 아니라, 우리가 숨 쉬고, 움직이며, 생각하는 모든 순간을 지탱하는 생명력 그 자체다.

두 번째, 중요한 신체 능력은 '근력'이다. 근육과 근력은 우리의 일상을 더욱 풍요롭게 만들어 준다.

인류의 모든 문화권에서는 강한 힘을 지닌 이들에 대한 숭배와 경이로움이 존재했다. 서양의 [1]헤라클레스, 중국의 장비, 그리고 우리나라의 임꺽정 같은 인물이 그 대표적인 예다. 만약, 당신이 신화 속 인물과 같은 엄청난 힘을 가지

---

[1] 헤라클레스와 임꺽정은 하나의 비유일 뿐이다. 실제로도 힘이 센 사람들은 언제나 있었다. 고대 그리스의 '밀로'가 그랬으며, 현대에는 작은 거인인 '나임 쉴레이마놀루', 대한민국의 '장미란', '전병관' 선수, 최근에는 '박혜정' 선수까지 매우 다양하다. 역도선수 뿐만 아니라 파워리프터 또한 매우 강하며, 대부분의 보디빌더도 일반인과는 비교할 수 없을 정도의 매우 강한 근력을 가지고 있다.

진 않았어도 운동을 통해 근력이 발달하면 일상 속에서 작은 변화들이 찾아온다.

계단을 오르내릴 때의 몸의 가벼움, 무거운 짐을 들 때의 수월함은 작지만 확실한 자신감으로 당신의 내면에 쌓일 것이다. 이런 자신감은 어떤 상황에서도 자신을 잃어버리지 않을 수 있다는 확신으로 이어진다. 그리고 자신의 몸 안에 잠재된 힘을 알게 된 사람은, 그 힘을 과시하거나 남용하지 않는다. 물론 그렇지 않은 사람들도 있다. 그러나 보편, 합리적인 사고방식을 가진 사람이라면, 진정한 힘은 타인을 위협하는 것이 아니라, 자신과 가족을 지키고 보호하는 데 사용해야 한다는 것을 잘 알 것이다.

잘 발달한 근력은 단순히 신체적 능력을 향상시키는 데서 그치지 않으며, 자신감과 겸손, 책임감과 배려가 조화를 이루는 성숙한 인간으로의 성장을 가능하게 한다. 그래서 근력은 우리의 삶과 마음을 더욱 풍요롭게 만드는 핵심적인 능력이다.

세 번째, 중요한 요소는 '유연성'이다. 유연성은 우리 몸의 움직임을 자연스럽고, 효율적으로 움직일 수 있게 만들어 준다.

그렇다면, '유연하다'는 무엇인가? 단순히 물리적 특성을 넘어 정신적 사고 체계까지 확장해 생각해 보면, 이는 단순하게 몸을 구부리거나 펼 수 있는 능력을 넘어서는 의미를 가진다.

'유연하다'는 곧 '강함'이기도 하다. 마치 대나무가 강한 바람에도 휘어질 뿐 꺾이지 않는 것처럼 말이다. 생각이 '유연하다'는 것은 생각에 막힘이 없고, 다양한 관점으로 사물을 바라보며, 이를 받아들이고 적용할 수 있음을 뜻한다. 사고의 유연함은 다양한 분야에서 엄청난 결과물을 만들어 내기도 한다. 전설적인 투자자 '찰리 멍거'는 사고의 유연성을 강조하며, 다양한 학문을 배우고 익혀 실전에서 유용하게 활용할 것을 강조했다.

사물이 유연하다는 것은 형태가 자유로우며, 휘어지되, 부러지지 않으며, 원래의 성질을 잃지 않고 언제든지 처음의 상태로 되돌아올 수 있음을 뜻한다.

이러한 '유연성'은 단순히 형태가 자유롭다는 것을 넘어서, 외부의 힘에 대응해 일시적으로 변형될 수 있으나 파괴되지 않으며, 그 본질은 잃지 않은 채 원래의 상태로 회복 가능한 역동적이고, 탄력적인 특성을 말한다. 마치 '물'이 어떤 그릇에도 자유롭게 담기지만, 결코 '물'이라는 본질을 잃지 않는 것과 같다.

신체의 '유연성'은 곧 자유를 의미한다. 단순히 몸을 자유자재로 움직일 수 있다는 물리적 능력을 넘어, 유연한 몸은 부상의 위험에서 벗어나게 해주며, 신체적 한계를 뛰어 넘게 해준다. 나아가 이러한 신체적 자유로움은 정신의 해방으로 이어진다.

'요가'는 이를 완벽하게 보여준다. 명상을 통해 정신의 깊은 단계에 도달하기 위해서는 먼저 신체적 불편함에서 벗어나는 것이 전제되어야 한다. 그래서 자연스럽게 몸의 유연성을 키우는 수련이 발달했다.

유연성은 우리가 훈련을 통해 힘들게 얻은 다른 신체 능력들을 오래도록 유지하는 데에도 큰 역할을 한다. 아무리 뛰어난 심폐 지구력과 강한 근력을 가졌더라도, 유연성이 뒷받침되지 않으면, 나이가 들수록 신체적 능력을 온전히 발휘하기 어렵다. 결국, 열심히 단련시킨 심폐지구력과 근력을 늙어 죽기 전까지 활용할 수 있게 해주는 것은 '유연성'이다.

'심폐지구력', '근력', '유연성'이 고르게 발달한 신체는 빛이 난다. 아무리 위대한 학자도, 엄청난 부자도, '심폐지구력', '근력', '유연성'을 운동을 통하지 않고, 부작용 없이 얻을 수 있는 방법을 찾지 못했다. 이를 얻을 수 있는 가장 확실하고 유일한 방법은 운동 및 훈련(트레이닝) 뿐이다.

움직임을 통해 신체를 발달시킬 수 있다는 사실은, 위대한 '자연의 섭리'다. 결국, '자연의 섭리'를 따를 수밖에 없는 당신은 운동을 할 수밖에 없다.

"복잡할 것 없다. 그저 움직이면 된다. 이것이 진리다."

2장.
몸에 대한 문제는 결국 죽음에 대한 문제로 이어진다.

"건강을 가진 자는 희망을 가지고 있고, 희망을 가진 자는 모든 것을 가지고 있다." - 토마스 칼라일

'1장'에서 체력의 뜻과 그 구성 요소에 대해 설명했다. '심폐지구력', '근력', '유연성'이라는 세 가지 신체 능력은 삶을 유지하기 위한 필수 조건이며, 건강한 몸을 이루는 바탕이 된다.

건강한 신체의 반대편에는 '질병'과 '죽음'이 존재한다. 모든 생명체는 시간의 흐름에 따라 죽음을 향해 나아간다. 인간도 예외는 아니다. 이는 누구도 피할 수 없는 자연의 섭리다. 그런데 '죽음으로 향하는 길'에는 속도의 차이가 있다.

'첫번째'는 그 길을 천천히 걷는 것이며, '두번째'는

스스로 죽음을 앞당기며 재촉하는 것이다. 신체를 돌보지 않는 것은, 바로 '두번째'를 택하는 것과 같다. 우리의 몸은 단순한 물질적 존재가 아니다. [2]몸은 의식이 깃들어 있는 그릇이며, 영혼이 머무는 집이다. 이 소중한 거처를 제대로 돌보지 않는다면, 결국 '자신의 생명'을 소홀히 하는 것이나 다름없다. 평상시에도 죽음을 두려워하거나 부정하며, '신체의 건강함'에 과도하게 집착하라는 것이 아니다.

당신이 지켜야 할 것은 무리해서 완벽함을 유지하려는 행동과 생각이 아니다. 인간은 더 나아지기 위해 노력할 수 있는 존재이며, 당신의 몸 또한 다르지 않으니 노력하는 마음가짐과 태도를 갖는 것이 중요하다는 말이다.

"누구나 노력하면 할 수 있다."

---

[2] 의식과 영혼의 존재 여부를 과학적으로 논하기는 어려움이 있다. 위 문장이 비과학적, 신화적, 종교적으로 비칠 수 있으나 개인의 생각 또는 인간 정신과 신체의 관계에 대한 개인적 비유이며, 가볍게 지나치길 바란다.

누구에게나, 건강한 신체는 삶 속에 필요한 지혜를 실천하게 만들어주는 강력한 도구가 될 수 있다.

"우리는 지적, 육체적 활동을 통해 생명력을 기르고, 적절한 휴식을 통해 소모된 에너지를 회복한다." 건강이란, 이 단순한 과정을 꾸준히 반복하는 것이 전부다. 몸은 놀라울 정도로 효율적인 시스템을 가지고 있다. 사용하지 않는 기능은 빠르게 퇴화시키고, 반대로 자주 쓰는, 필요한 기능은 효율적으로 에너지를 집중하며, 그 역할을 유지하고 발전시킨다.

누구나 다 알고 있지 않은가? 건강한 생활 습관을 가지고, 일상에서 꾸준하게 운동을 한 사람은 그렇지 않은 사람보다 노화의 속도가 훨씬 느리다는 사실을 말이다. 오늘 당신이 선택한 행동 하나가 내일의 당신을 통해 나타나는 것은 당연하다.

물론 '노화'와 '질병'은 자연의 섭리인 것을 우리는 잘 알고 있다. 이를 완전히 거스를 수는 없지만, 현대 의학과 과학의 발전은 우리에게 새로운 가능성을 제시해 준다.

지금은 누구나 적절한 관리와 운동만으로도 노화를 늦추

고 질병을 예방할 수 있는 시대다. 이런 세상에서도 바쁘다는 핑계로 대다수의 현대인들은 자신의 신체를 방치한 채 살아간다. 정작 질병을 예방할 수 있는 충분한 시간이 주어졌음에도, '운동'과 '바른 생활 습관'은 외면하고, '병'이 발생한 뒤에는 '약물', '시술', '수술'과 같은 값비싼 의학적 치료를 통해 해결하려 한다.

현대 의학은 주름을 펴고, 외모를 바꾸는 기술은 눈부시게 발전시켰지만, 잃어버린 신체의 기능을 되돌리는 일은 여전히 어려운 과제로 남겨두고 있다.

한번 잃어버린 신체의 기능은 되돌아오지 않는다. 그러니 건강할 때 좋은 생활 습관을 유지해 신체의 기능이 저하되지 않도록 꾸준히 관리하는 것이 중요하다.

좋은 습관을 만드는 것은 생각보다 어렵지 않다. 당신이 아직 걸을 수 있다면, '지금 당장 걷기 시작하라.' 체력은 하루 아침에 좋아지지 않는다. '실망하지 마라.' 우리 몸은 놀라울 정도로 효율적이며, 뛰어난 적응력을 갖고 있다. 조금씩 운동 시간과 강도를 늘려가며, 신체가 충분히 적응하고 회복할 시간을 준다면, 체력은 분명히 좋아진다. 화려하고, 엄청난 계획보다 중요한 것은 일상 속에서 꾸준하게 실천 가능한 '소소한 신체 활동'을 하는 것이다.

갑작스럽고, 무리한 운동은 오히려 역효과를 불러올 수 있다. 그러니 '매일 20분 정도 걷는 것'부터 시작해 보길 바란다. 엘리베이터 대신 계단 이용하기, 대중교통 이용하기, 목적지 한 정거장 전에서 미리 내려 걷기 등 어렵지 않다. 그러니 당장 시작하자.

한의학에서는 [3] 치미병(治未病), 즉 "최고의 의사는 병이 나기 전에 미리 다스린다."는 말이 있다. 병이 발생한 후의 치료하는 것보다, 건강할 때 질병을 예방하는 것이 신체적으로나 경제적으로 훨씬 더 효율적인 것은 당연하다.

---

[3] 치미병은 〈황제내경〉의 소문 제2편 [사기조신대론] 중 '성인불치이병치미병'(聖人不治已病 治未病)이라는 문장에서 나온다. 훌륭한 의사는 이미 생긴 병을 치료하는 것이 아니라 아직 생기지 않은 병을 치료한다는 뜻이다.

3장.
운동을 한다는 것은 쉬운 일이 아니다.

"끈기를 가지고 두드린다면, 끝내 그곳에 들어갈 것이다."
- 무하마드 알리

"모든 현대인은 피곤할 수밖에 없다."
해가 떠오르기도 전에 출근 준비는 시작되고, 해가 저문 뒤에도 노동은 끝나지 않는다. 우리가 '휴식' 이라 부르는 시간조차, 또 다른 형태의 노동으로 채워진 채, 우리는 살아간다. 육아와 가사, 인간관계를 유지하기 위한 각종 모임과 경조사는 체력과 시간을 조금씩 갉아먹는다.

당신이 이 글을 읽고 있다면, 아마도 해가 뜨고 지는 것과 무관하게 하루 대부분을 생존을 위한 노동에 바치고 있을 것이다. 안타깝지만 피할 수 없으며, 그리고 살아가는 한 감당해야 할 우리 모두의 숙명이다.

인간은 에너지를 소비하고 회복하며 삶을 유지한다.

인간의 모든 활동은 시간과 체력, 정신력이라는 유한한 자원을 소비한다. 우리는 매일, 이 자원들을 고갈시키며 살아가기 때문에, 피로를 느끼는 것은 자연스러운 현상이며, 대부분 늘 피로한 상태로 살아 간다. [4]사람들은 피로가 어느 정도 쌓여, 몸에 이상 신호가 나타나면 운동을 시작한다. 많은 사람들은 운동을 하면 몸에 나타나는 이상 신호의 대부분이 해결될 것이라 기대한다. 안타깝지만 이는 잘못된 믿음이다.

당신의 몸 상태가 좋지 않은 근본적인 원인은 '운동 부족'보다 '피로 누적'의 가능성이 크다.

"그렇다. 당신은 너무 피곤한 상태다."

어떤 '문제의 해결'을 위해서는 문제의 '원인'을 찾는 것이 중요하다. 만약 당신이 지금 피로한 상태에 있다면,

---

[4] 대한민국에서는 대부분 20대 후반에서 30대 초반이 그 시기인 듯하다.

가장 먼저 해야 할 일은 몸과 마음이 더 이상 지치지 않도록 휴식을 취하는 것이다. 장기적으로는 일상에서 누적되는 체력적, 정신적 부담을 효과적으로 관리하며, 신체, 정신적 에너지를 아끼는 습관을 갖는 것이 좋은 해결 방법일 것이다.

운동은 그 다음이다. 여분의 체력과 정신적 여유가 생긴 다음, 운동은 의미 있는 효과를 낼 수 있다.

몸이 지친 상태에서의 운동은 잠깐의 변화만 가져올 뿐이다. 일상의 피로를 해결하지 못하면, 운동을 해도 소용이 없다. 따라서 지금 당신에게 필요한 것은 본격적으로 운동을 시작하려는 조급한 마음이 아닌, 일상과 운동, 휴식에 대한 올바른 인식과 균형 잡힌 태도를 갖는 것이다.

4장.
왜 당신은 운동을 통해 건강해지려 하는가?

"피곤할 때는 쉬세요. 자신과 몸, 마음, 정신을 새롭게 하고 또 새롭게 하세요. 그런 다음 다시 해야 할 일로 돌아가세요." -랄프 마스턴

 수천 년 동안 인류의 대부분은 해가 뜨면 일하고, 해가 지면 쉬는 일상을 반복하며 살았다. 대부분의 사람들은 노동과 성실함이 더 나은 삶을 보장해 줄 것이라는 생각을 가지고 성실하게 살아간다.
 각자의 직업을 중심으로 한 꾸준한 노동과 근면 성실함이 자아 성찰과 사회적 성공, 나아가 세상의 발전을 이끌 것이라는 '프로테스탄트의 자본주의적 복음'은 여전히 우리 사회의 근간을 이루고 있다. 이런 복음 속에서 때때로 '휴식'과 '여유'는 게으름이나 비생산적인 일로 여겨지며, 마땅한 가치를 인정받지 못한다. 모두의 꾸준한 노력은 우

리에게 전례 없는 물질적 풍요를 안겨주었다. 하지만 그 대가로 우리는 충분한 휴식, 가족과 함께 보내는 시간, 그리고 무엇보다도 자신의 몸과 마음을 돌볼 수 있는 물질적, 시간적 여유를 잃어버렸다.

근면함과 성실함, 노동의 가치를 폄하하려는 것이 아니다. 게으름을 찬양하는 것도 아니다. 시민으로서 갖춰야 할 보편적 가치를 부정하려는 것도 아니다. 단지, 삶의 균형을 위해 필요한 '휴식의 가치'를 생각해야 한다고 말하는 것이다.

지금, 대한민국에서는 주 52시간의 근로 시간 규정이 국가 경쟁력을 약화시킨다는 주장이 언론을 통해 연일 쏟아지고 있다. 우리는 마치 [5]'이상한 앨리스의 나라'처럼 뒤틀린 상식과 불균형 속에 살아가고 있는지도 모른다.

주변을 둘러보면, '번아웃'과 '산업재해'로 쓰러지는 사람

---

[5] 루이스 캐럴이 쓴 소설의 제목은 〈이상한 나라의 앨리스〉이다. 이 소설이 쓰인 19세기 중반 영국에서는 많은 노동조합이 생겨났다.

들이 점점 늘어나고 있다. '저출산'이 우리 사회의 가장 심각한 문제로 떠올랐지만, '육아휴직'은 여전히 소수의 전유물로 남아있으며, 먼 나라의 이야기이다.

부모가 자신의 아이를 돌보는 시간조차 제대로 보장받지 못하는 이 땅의 현실은, 우리 사회가 노동과 휴식 사이의 균형을 얼마나 많이 잃고 있는지를 단적으로 보여준다. 생산성과 효율이라는 이름으로 포장된 과도한 노동은 결국 우리의 건강과 삶의 질을 서서히 갉아먹고 있다.

오늘날 많은 현대인이 겪고 있는 질병의 상당수가 '과로'와 '스트레스'에서 비롯된다는 의학적 연구 결과는 이미 넘쳐난다. "노동이 그대를 자유롭게 하리라."(Arbeit macht frei)는 나치의 아우슈비츠 수용소 정문에 새겨졌던 끔찍한 문구는 오늘날에도 모습만 달리한 채, 여전히 사회 곳곳에서 반복되고 있다. 지금부터 우리는 새로운 패러다임을 통해 노동과 휴식의 균형점을 찾아야 한다.

인간은 기계가 아니다. 우리의 몸과 마음은 단순한 활동만으로 유지되지 않는다. 휴식과 놀이, 그리고 예술이나 사색과 같은 창조적 경험이 함께할 때, 비로소 유지되며, 삶은 완성된다. 다양한 경험과 여유로운 시간은 우리의 감각과 사고를 확장시키고, 삶을 보다 온전하고 균형 있게 만들어 준다.

"이 시대의 노동자는 과연 얼마나 자유로운지 당신에게 묻는다."

"당신이 묵묵히 헤쳐 나가고 있는 이 세상은 일과 휴식이 균형 잡힌, '워라밸'이 완벽한 삶에 대해 얼마나 관대한가?"

"새벽에 일어나 '미라클 모닝'을 실천해야만 부지런한 사람이라 할 수 있는가?"

"하루에 고작 네 시간만 자면서, 일과 자기개발을 함께 해야 열정적인 삶이라 말할 수 있는가?"

"쉴 틈 없이 꽉 찬 일정을 소화하고 연봉 1억을 받아야만, 성공했다고 인정받는 삶인가?"

 "반대로, 카페에 앉아 프루스트의 『잃어버린 시간을 찾아서』를 읽거나, 침대에 누워 도파민이 샘솟는 숏폼 영상을 보면 게으른 사람인가?"

 "아침 6시에 일어나 서둘러 씻고, 아침밥은 대충 때우며, 1시간 30분 동안 붐비는 대중교통을 이용해 출근한 다음, 0.25평 남짓한 책상 앞에 앉아서 21인치 모니터를 종일 바라보며, 손목은 키보드에 고정된 채로 점심시간을 제외한 8시간 이상을 육체적, 정신적 노동에 쏟은 다음, 다시 1시간 30분 동안 대중교통에 끼여 퇴근하는 사람에게, 누가 감히 근면하지 않다, 성실하지 않다고 말할 수 있는가?"
 "이 일을 적어도 수십 년간 반복할 사람들에게, 과연 어떤 힘과 여유, 그리고 체력이 남아 있을 수 있겠는가?"

 퇴근 후, 잠들기 전까지 겨우 한 시간 남짓한 시간을

쥐어짜듯 마련해, 여유를 만끽하며, 짧게 편집된 흥미로운 영상을 몇 개 보며, 언제 잠이 들었는지도 모른 채 하루를 마무리한 사람에게, 게으르다 '말' 할 수는 없다.

내가 만난 대부분의 사람들은 충분히 부지런하며, 성실했다. 모두가 더 나은 내일을 그리며, 각자의 자리에서 묵묵히 앞으로 나아가고자 노력했다. 그런 성실한 사람들이 건강에 이상을 느끼기 시작할 때 운동을 찾는다.

"이 사회에서 휴식은 죄악이 되며, 운동은 구원이 된다."

휴식에 인색하고, 게으름을 나쁘게 보는 현대 사회의 분위기는 건강과 체력을 기른다는 명분 아래, 이미 지쳐 있는 사람들에게 소모적인 운동을 강요하는 결과를 만들어 낸다. 이는 회복이 아닌, 또 하나의 피로를 쌓아 올리는 일이다.

이미 지쳐 있다면, 운동보다 먼저 해야 할 일은 충분한 휴식을 갖는 것이다. 그리고 가장 효과적인 휴식은 '잠을 자는 것'이다.

  [6]수면은 신체적, 정신적 회복의 핵심이다. 과학의 발전을 통해, 우리는 이제 수면이 단순한 '휴식'을 넘어 회복의 핵심 작용을 담당한다는 사실을 알게 되었다.

  수면 중에는 '근육의 재생', '면역 체계의 강화', '기억의 정리와 통합' 같은 복합적인 회복의 과정이 이루어진다. 수면 부족은 신체의 호르몬 균형을 무너뜨리고, 회복과 성장을 저해한다. 따라서 운동을 시작하기 전, 무엇보다 우선해야 할 일은 충분한 수면 시간의 확보다. 아무리 열심히 운동하더라도, 잠자는 시간이 부족하면 근육 성장과 체력 향상을 기대하기 어렵다. 운동보다 먼저 챙겨야 할 것은 최소 7시간 이상의 잠을 자는 시간이다. 사람은 기계가 아니다. 사람은 육체적, 정신적 휴식을 통한 회복 없이는 건강해질 수 없다. 그러니, 최대한 많이 자라. 운동보다 '잠' 그리고 '휴식'이 먼저다. 운동은 다음의 문제다.

---

[6] 수면에 대해 더 깊이 알고 싶다면, 매슈 워커의 저서 『우리는 왜 잠을 자야 할까?』를 읽어보길 권한다.

5장.
지나치게 발달한 피트니스 산업은 오히려 당신을 혼란스럽게 만든다.

"It's the economy, stupid" - 빌 클린턴

  수십 년에 걸쳐 발전해 온 피트니스 산업은 그동안 방대한 정보를 쏟아내며, 운동, 건강, 라이프스타일에 관련된 다양한 상품을 만들어 왔다. 그러나 피트니스 산업에 대해 잘 모르는 일반인들은, 지나치게 많아진 정보와 상품 속에서 자신에게 맞는 것을 찾기 더 어려워졌다. 방향을 잃었을 때 해답을 찾는 한 가지 방법은 과거를 엿보는 것이다.

  현대적 의미의 피트니스 산업은 제1, 2차 세계대전을 기점으로 본격적인 발전을 이루었다. 그 변화의 흐름을 이해하면, 현대의 피트니스 산업이 어디쯤 와 있는지, 이를 통해 우리는 어떤 것을 선택해야 하는지 도움을 받을 수 있다. 흐름만 파악하면 되는 당신의 시간을 아껴주기 위해서

요약, 정리했다. 아래는 피트니스 산업의 역사적 흐름을 시대별로 정리한 것이다.

1. 제1·2차 세계대전과 재활 중심의 운동기구 개발 (1940년대~1960년대)

- 두 차례의 세계대전으로 인해 발생한 전쟁 부상자들의 재활 치료가 운동기구 개발의 출발점이 되었다.
- 초기에는 의료 목적의 재활 운동기구로 사용되었으나, 경제 성장과 함께 점차 대중도 사용할 수 있도록 범용화되기 시작했다.
- 아서 존스(Arthur Jones)와 같은 선구자들이 등장, 최초의 현대적 운동기구를 개발하며 피트니스 산업의 기반이 마련되었다.

2. 피트니스 산업의 본격적 상업화 (1960년대~1980년대)

- 웨이더 형제가 설립한 골드짐(Gold's Gym) 등, 상업용 체육관이 본격적으로 등장하며 본격적 상업화가 시작되었다.
- 아놀드 슈워제네거를 중심으로 한 '보디빌딩 아이콘'들이 대중적 인기를 얻으며, 웨이트 트레이닝 중심의 피트니스 문화가 확산되었다.
- 운동기구 제조업체들이 대량 생산 체제를 갖추기 시작하면서, 피트니스 시설의 보급이 빨라졌다.

3. 피트니스의 대중화 및 프랜차이즈화 (1980년대~2000년대)

- 미국의 경제 성장과 함께 여가 시간 증가 및 건강한 라이프 스타일에 대한 관심이 높아졌다.

- 외모와 몸매에 대한 사회적 관심이 증가하면서, 에어로빅, 재즈댄스 등 그룹 운동 프로그램이 유행했다.
- 대형 피트니스 브랜드들이 프랜차이즈화 되며, 대형 피트니스 센터가 전국적으로 확산되었다.

4. 피트니스 분야의 전문화와 개인화 (2000년대 ~현재)

- 운동 생리학과 스포츠 과학이 발전하면서, 트레이닝 프로그램이 더욱 과학적, 체계적으로 발전했다.
- 퍼스널 트레이닝 서비스가 보편화되어, 각 개인의 체형·건강 상태에 맞춘 맞춤형 운동 처방이 가능해졌다.
- 최근에는 디지털 기술과 인공지능(AI)이 결합된 스마트 피트니스 서비스 (예: 앱 기반 코칭, 가상 PT 등)가 등장하며, 피트니스 산업은 새로운 전환 점을 맞이하고 있다.

전쟁 부상자들의 재활 치료를 목적으로 개발된 초창기 운동 기구들은, 시간이 지나며, 발전을 거듭해 오늘날의 웨이트 트레이닝 머신 (헬스 기구)으로 발전했다.

이후 미국, 유럽의 경제 성장과 개인 소득의 증가, 그리고 영상 매체를 통한 상업 광고의 확산은 대중에게 근육이 많고, 체지방이 적은 조각상 같은 몸이 곧 '건강한 몸'이라는 이미지를 강하게 심어주었다.

오늘날에는 근육이 '적당히' 많은 수준을 넘어, 고릴라처럼 거대한 근육질의 몸이 곧 '돈이 되는 몸'으로 여겨지는 시대가 되었다.

[7]오늘날의 보디빌딩 경기는 근육의 크기 자체를 중요한 평가 기준으로 삼는다. 이는 인류의 역사상 전례가 없는

---

[7] 최근에는 '클래식 피지크'와 같이 신체의 균형과 고전적 아름다움을 중시하는 보디빌딩 종목이 주목받고 있다. 그러나 이 종목에 출전하는 선수들 또한 엄청난 근육량을 갖고 있다는 점과 엄청난 양의 약물을 사용하는 데에 있어서는 기존의 오픈(헤비급) 체급 선수들과 큰 차이가 없다.

일이다. 고대 그리스, 로마, 중세 시대의 미술 작품에서 묘사된 이상적 신체는, 오늘날 [8]IFBB 프로 오픈 체급 보디빌더들이 갖고 있는 거대하고, 과장된 근육과는 뚜렷한 차이가 있다. 그리스, 로마인들에게 아름다운 몸이란 '균형'과 '조화'를 이룬 신체를 의미했다.

인간이 좋은 몸을 갖기 위해 훈련해 온 방법이 언제, 어디에서 시작되었는지에 대해서는 학자마다 견해가 다르다. 하지만 한 가지 분명한 사실은, 수천 년 전의 인류가 오늘날처럼 피트니스 센터에서 신체 각 부위의 근육을 분리해 훈련하지는 않았을 것이다.

---

[8] IFBB(International Federation of Bodybuilding and Fitness)는 전 세계에서 가장 규모가 큰 보디빌딩 대회를 주관하는 단체이다. '오픈 체급' 보디빌더란 체중 제한이 없는 무제한급 대회에 출전하는 선수를 말하며, 이들의 대회 시 체중은 통상적으로 100kg을 넘는다.

과거부터 지금까지 인간이 지속적으로 훈련한 운동 종목은 '복싱', '레슬링과 같은 격투기', '달리기(마라톤)', '활쏘기' 등이다. 과거의 훈련은 근육의 형태나 크기보다는, 전투에 필요한 전반적인 신체 능력의 향상에 초점이 맞춰져 있었다. 동양의 전통 무술 또한 마찬가지다. 태극권과 같은 무술은 근육의 크기가 아닌, 신체의 균형과 힘의 효율적인 운용을 중시하며 발전했다.

특히 주목할 점은, 고대인들이 운동을 단순한 훈련이 아니라 '놀이'이자 축제의 일부로 활용했다는 점이다. 예컨대, 그리스의 올림피아 제전, 로마의 검투사 경기, 중세 기사들의 마상 시합 등은 언제든 일어날 수 있는 실전 전투를 대비하는 훈련이면서 동시에 축제의 성격을 가졌다.

더 먼 과거의 인류에게 운동은 일상 생활과 분리된 행위가 아니었다. 농사를 짓고, 사냥을 하며, 집을 짓는 생존에 필요한 노동 그 자체가 곧 신체를 단련하는 과정이었을 것이다.

이는 오늘날처럼 운동을 할 시간과 공간을 따로 마련해 운동하는 현대인의 모습과는 확연히 다르다. 과거의 운동은 여가와 놀이의 형태로서 생존과 효율성이라는 실용적 목적을 기반으로 발전해 왔다고 볼 수 있다. 요약하자면, '보여주기 위한 운동'보다는 '실용적인 운동'을 해 온 것이 인류의 보편적인 운동 방법이다.

 지금의 피트니스가 과거에 비해 실용적이지 않다는 말이 아니다. 헬스장과 퍼스널 트레이닝(PT)으로 대표되는 피트니스 역시 운동량이 부족한 현대인들에게 생활 체육의 역할을 하는 등 장점을 분명히 갖고 있다. 다만, 오늘날의 피트니스 산업은 '효율'이라는 이름 아래, 지나치게 많은 것을 수치화하고 규격화 하려는 경향을 보인다. '체지방률', '근육량', '기초 대사량' 등 각종 숫자에 집착하며, 마치 공장에서 제품을 생산하듯 획일화된 운동 방식을 사람들에게 제시하고 있다. 더 나아가, 한 부위의 근육을 자극하는 고립 훈련, 횟수를 많이 하는 고볼륨 훈련, 무게를 많이 드는 고중량 훈련 등 특정한 방식의 웨이트 트레이닝만을 강조하며, 자신과 다른 형태의 훈련방법은 '비효율적'이라 평가하며 서로 싸우고 있다.

 문제를 해결하는 방법으로 단 하나의 해결책만 있지 않

듯, 운동을 통해 좋은 몸을 만드는 방법에도 단 하나의 정답만 존재하는 것은 아니다.

사람마다 체형, 체질, 생활 습관, 운동에 대한 반응, 훈련에 대한 적응력이 모두 다르다. 그래서 운동을 할 때에는 다양한 것들을 고려해야 하며, 그렇기에 건강한 몸을 만드는 방법 또한 다양할 수밖에 없다. 오히려 획일화된 기준과 방법론은 많은 사람들이 건강한 신체 활동에 대한 바른 관점을 갖고, 폭 넓은 경험을 하는 것을 방해한다.

우리가 경계하고, 한 번 더 생각해 보아야 할 것은 고정된 사고방식이다. 아래는 이에 대한 몇 가지 질문이다.

'왜 산책은 운동으로 인정하지 않는가?'

'가볍게 조깅을 하는 것이 왜 몸을 만드는 데 비효율적이라 여겨지는가?'

'보디빌딩은 왜? 크로스핏으로 대표되는 기능성 운동보다 비효율적일 것이라 생각하는가?'

'집에서 하는 맨몸 운동은 왜 '제대로 된' 운동이 아니라고 생각하는가?'

'퍼스널 트레이닝(PT) 없이 혼자 하는 운동은 왜 효과가 없다고 하는가?'

'전통 무예나 태극권은 왜 '노인들의 운동'이라는 고정관념을 갖는가?'

'정해진 세트 수와 반복 횟수를 채우지 않으면, 왜 운동을 제대로 하지 않았다고 여기는가?'

'운동 후 근육통이 없으면, 왜 운동의 효과가 없을 것이라 판단하는가?'

'운동은 반드시 힘들게 해야만 효과가 있는가?'

사람마다 살아가는 방식이 다르듯, 건강을 관리하고 일상 속에서 운동을 하는 모습 또한 다양할 수밖에 없다. 그리고 건강을 지키는 방법은 생각보다 단순하다. 다음의 '다섯 가지 원칙'을 제시한다.

1. 건강한 생활을 할 것
2. 건강한 음식을 먹을 것
3. 충분히 쉴 것

4. 규칙적으로 몸을 움직일 것
5. 건강한 생각을 할 것

 이 '다섯 가지 원칙'은 마치 '건강'이라는 집을 지탱하는 다섯 개의 기둥과도 같다. 단 하나라도 무너지면, 전체적인 균형이 쉽게 무너진다. 보디빌딩, 웨이트 트레이닝, 기능성 운동, 필라테스, 클라이밍, 마라톤, 조깅, 걷기 등 수많은 운동은 사실상 네 번째 항목인 '규칙적으로 몸을 움직일 것'을 실천하는 하나의 방법이다. 이는 마치 '맛있는 음식'이라는 분류 아래 수많은 식재료와 조리 방식이 존재하는 것과 같다.

 운동도 마찬가지다. 방법이 다양할 수밖에 없다. 안타깝게도 사람들은 더 복잡하고 어려운 방법만을 찾으며, 다섯 가지의 단순한 기본 원칙을 잊어버린다. 여러 의학적 연구 결과에 따르면, 하루 30분 이상 걷는 것으로 건강을 지키기에 충분하다고 한다. 현대인이 건강하지 않은 이유는 복잡하지 않다. 다양한 이유와 핑계를 대며, 위 '다섯 가지 원칙'을 오랫동안 실천하지 않기 때문이다.

건강을 회복하기 위해 필요한 것은 복잡한 운동 계획도, 값비싼 운동 기구도 아니다. 결국 중요한 것은, 기본적인 '다섯 가지 원칙'을 꾸준히 지켜 나가는 일이다.

6장.
건강을 위한 '다섯 가지 원칙'을 지키며 실천하는 방법

"아는 것만으로는 충분하지 않다. 적용해야만 한다. 의지를 가지는 것만으로는 충분하지 않다. 우리는 행동해야 한다."
- 괴테

[사례]

세계적인 컨설팅업체에서 컨설턴트로 일하는 30대 중반의 옥순은 매일 새벽 4시, 클라이언트에게서 도착한 메일 알람 소리에 잠에서 깬다. 반복되는 과도한 업무와 외부 미팅으로 체력의 한계를 느끼지만, 쏟아지는 업무를 해결하는 것이 우선이다.

주변 사람들로부터 종종 "피곤해 보인다."는 말을 듣지만, 맡은 업무가 많아 스스로를 챙길 여유가 없다. 그녀는 틈

날 때마다 건강 관련 '유튜브' 영상을 보는 것으로 불안한 마음의 위안을 삼는다.

지난 2년 동안 체중이 10kg정도 늘었다. 가족이나 친구들과 대화를 나눌 때면, 다이어트약을 복용해보거나, 퍼스널 트레이닝 (PT)을 등록해 관리해 보는 것이 어떻겠냐는 조언을 듣곤 한다. 그럴 때면 겉으론 대수롭지 않다는 듯 웃어넘기지만, 속으로는 신경 쓰이는 것이 사실이다. 퇴근 후, 침대에 누워 잠들기 전 짧은 시간 동안[9] 인스타그램을 스크롤하며, 운동하는 모습이 담긴 지인들의 게시물에 '좋아요'를 누른다. 그녀의 스마트폰에는 여러 개의 운동 관련 앱(APP)이 설치되어 있고, 책장 한편에는 구매 후 일이 바쁘다는 핑계로 한 번도 펼치지 않은 다이어트와 운동에 관한 책들이 꽂혀 있다.

이 사례의 '옥순'은 가상의 인물이지만, 당신의 삶과 어딘가 닮아 있지 않은가? 현대인의 하루를 요약하면 다음

---

[9] 인스타그램은 이미지 중심의 SNS 서비스이다.

과 같다.

아침: 전날 늦은 야근으로 인해 늦잠을 자고, 허겁지겁 출근 준비를 하느라 아침 식사는 건너뛴다.

점심: 회사 근처 식당에서 800~1000kcal에 이르는 고칼로리 음식을 사 먹거나, 배달 음식으로 간단히 해결한다.

저녁: 잦은 야근, 회식, 지인과의 약속, 또는 스트레스를 풀기 위한 술자리가 자주 있다.

수면: 취침 시간은 대부분 밤 12시에서 새벽 1시쯤이다.

운동: 매주 월요일마다 "내일부터는 꼭 시작하겠다"는 다짐만 반복될 뿐이다.

대다수, 사람들의 일상은 서로 비슷하다. 늘 바쁘고, 여유는 부족하며, 자신을 위한 시간조차 없다. 바쁜 생활 속에서 건강을 지킨다는 것은 때때로 버거운 과제처럼 느껴질 것이다. 그러나 건강한 삶을 위한 원칙은 생각보다 복잡하지 않다. 오히려 놀라울 만큼 단순하고 명확하다.

1. 건강한 생활을 할 것
2. 건강한 음식을 먹을 것
3. 충분히 쉴 것
4. 규칙적으로 몸을 움직일 것
5. 건강한 생각을 할 것

문제가 명확하고, 이를 해결할 수 있는 원칙이 단순하기 때문에, 그에 대한 '풀이' 또한 단순할 수밖에 없다.

불교 신자가 아니더라도 『금강경』이라는 책은 한 번쯤 들어본 적이 있을 것이다. 건강한 삶을 위한 다섯 가지 원칙은 마치 『금강경』의 가르침처럼 단순하면서도 명확한 의미를 가진다. 『금강경』의 본래 명칭인 '금강반야바라밀경(金剛般若波羅蜜經)'은, '다이아몬드처럼 단단하고 귀중한 지혜를 담은 경전'이라는 뜻이다. 이와 마찬가지로, 다섯 가지의 건강을 위한 원칙 역시 삶의 균형과 회복을 위한 가장 본질적이고 견고한 원칙이라 할 수 있다. 이 원칙들은 서로 독립된 것이 아니라, 마치 정교하게 맞물린 톱니 바퀴처럼 함께 작동하며 순환한다.

예를 들어, 매일 20분씩 '걷기'를 실천한 사람에게는 다음과 같은 변화가 찾아온다.

- 신체 활동량이 늘어나면서 자연스러운 피로감을 느낀다.
- 저녁에 보다 쉽게 잠들 수 있게 된다.
- 충분한 '수면'으로 아침에 상쾌하게 눈을 뜨게 된다.
- 상쾌한 아침은 여유 있는 하루의 시작과 건강한 아침 식사를 가능하게 만든다.
- 이러한 긍정적 경험은 걷기를 지속할 수 있는 동기를 제공한다.

이처럼 다섯 가지 원칙은 서로 연결되어 있으며, 하나의 실천이 다른 실천을 이끄는 선순환 구조를 형성한다. 어느 하나의 작은 변화만으로도 건강한 삶을 향한 출발점이 될 수 있다. 더욱이 이 원칙들은 복잡하지 않다. 누구나 실천할 수 있을 만큼 단순하고, 명확하다.

 질문해 보겠다. '건강한 삶을 원하지 않는 사람이 있을까?' 무엇이 건강한 '생활 습관'인지 모르는 사람은 없다. 다만 우리는 달콤하고 기름진 유혹에 쉽게 굴복할 뿐이다. 그리고 문제는 단순한 '원칙'조차 실천하지 않는 우리에게 있다.

 "잘 쉬지 못하고 있는가?"

 "과중한 업무와 야근에 치여, 쉴 틈조차 없이 하루를 보내고 있지는 않은가?"

 "그렇다면 당신에게 묻는다. 왜 이미 피곤하고, 지친 몸으로 술을 마시고, 담배를 피우며, 해로운 자극을 찾아

나서는가?"

"진정한 휴식과 회복은 뒤로 미룬 채, 더 깊은 피로로 자신을 몰아넣고 있는 것은 아닌가?"

이는 마치 갈증을 바닷물로 해소하려는 것과 다름없다. 건강한 삶을 위한 다섯 가지 원칙은 누구나 지금 당장 실천할 수 있다. 다만, 많은 사람들이 '바쁘다', '피곤하다', '효과가 없을 것 같다'는 핑계를 대며 외면할 뿐이다.

'규칙적인 운동은 너무 어렵다.'라고 말하는 사람들에게 되묻고 싶다.
"하루 8시간 이상의 고된 직장 생활도 매일 해내면서, 하루 30분의 운동이 정말 그렇게 어려운 일인가?"

'건강한 생각을 실천하는 일' 역시 마찬가지다. 폭력적이고 파괴적인 생각, 타인을 향한 비난과 부정적인 시각을 가지고 살아 가는 '삶' 보다, 타인을 서로 이해하고, 도우며 살아가려는 생각을 가지고 살아가는 사람이 훨씬 더 건강한 '삶'을 살게 될 것이라는 것은 당연하다. 문제는, 우리가 이미 알고 있는 그 단순한 원칙을 실천하지 않는 것에 있다. 건강한 삶의 시작은 결코 거창할 필요가 없다. 오히려 작고 실천 가능한 일부터 시작하는 것이 가장 현명한 방법이다. 아래의 예시는 일상 속에서 바로 적용해볼 수 있는 간단한 실천 항목들이다.

[건강한 삶을 위한 다섯 가지 실천 예시]

1. 건강한 생활 습관 만들기
- 매일 같은 시간에 기상하기
- 아침 식사 시간 확보하기 (최소 30 분)
- 취침 1 시간 전에는 스마트폰 사용 줄이기
- 하루 중 10 분 이상 스트레칭 하기

2. 건강한 음식 먹기
- 하루 한 끼 이상 채소 포함하기

- 식사 전 물 조금 마시기
- 천천히 먹기, 폭식 피하기
- 음료수 대신 물 마시기

3. 짧더라도 확실하게 쉬기
- 15분 정도의 짧은 휴식 즐기기
- 점심시간에 10분 정도 가볍게 걷기
- 2시간 이상 집중했다면 반드시 휴식 시간 확보하기
- 주말에는 일보다 '수면'과 '회복'을 우선순위에 두기

4. 일상에서 규칙적인 움직임 실천하기
- 엘리베이터 대신 3층 이하는 계단 이용하기
- 대중교통 이용 시 한 정거장 전에 내려 걷기
- 스마트폰 보며 걷는 습관 줄이기
- 자주 짧게 산책하기

5. 건강한 생각을 키우기
- 하루에 한 가지 감사한 일 떠올리기

- 부정적 뉴스는 빨리 잊기
- 하루 10분, 조용히 머리를 비우는 시간 갖기

위 작은 실천들은 하나의 예시다. 각자의 상황에 맞게 응용해 적용하기 바란다.

물론, 누군가에게는 이런 작은 실천조차 귀찮고 번거로운 일처럼 느껴질 수 있다. 하지만 우리의 삶은 결국 작고, 반복되는 행동이 쌓여서 만들어진다는 것을 기억하기 바란다.

중요한 것은 시작하는 것, 그리고 절대 무리하지 않는 것이다. 실천할 수 있는 가장 쉬운 항목을 하나 골라, 일주일만 시도해 보기를 바란다. 작은 성취감이 쌓이면, 자연스럽게 다른 원칙으로도 확장될 것이다. 그것이 바로 진짜 건강한 변화의 시작이다.

제2부. 지식

7장.
건강한 음식을 먹는다는 것

"우리가 먹는 것이 곧 우리 자신이 된다. - 히포크라테스"

[사례]

　수진 (32세, 마케터)씨는 매일 아침 건강과 관련된 정보가 담긴 뉴스레터를 읽는다. 오늘도 그녀의 스마트폰 화면에는 상반된 내용의 알림들이 가득하다.

　"현미가 흰 쌀보다 영양소가 많다."
　"흰 쌀이 현미보다 소화와 흡수에 더 유리하다."
　"콜레스테롤이 걱정된다면, 달걀은 하루 한 개만?"
　"콜레스테롤이 나쁜 것만은 아니다. 달걀, 하루 세 개 이상 먹어도 괜찮다!"
　"간헐적 단식은 다이어트에 효과적이다."

"간헐적 단식은 다이어트에 도움이 되지 않는다."

점심시간, 그녀는 2층, 카페테리아 앞에서 한참을 망설인다. '저탄고지?', '지중해식 식단?', '혹은 비건?' 수많은 '건강한 음식'에 대한 정보 속에서 무엇이 정말 자신에게 맞는 것인지 판단하기가 쉽지 않다. 결국 오늘도 그녀는 "내일부터 제대로 된 식단을 시작해야지." 라는 익숙한 다짐과 함께, 가장 인기가 많은 메뉴인 돈까스를 선택한다.

퇴근 후, 늦은 시각, 지친 몸을 이끌고 집에 돌아온 그녀는 어제 배달로 주문해 남겨둔 '마라 떡볶이'로 저녁 식사를 해결한다. 물론, '내일부터는 건강하게 먹겠어.' 라는 다짐을 함께하면서 말이다.

이처럼 많은 현대인들은 넘쳐나는 '건강에 대한 정보' 속에서 끝없는 혼란을 겪지만, 결국 자신과 타협하고, 대충 끼니를 때우는 생활을 반복하고 있다.

특히 '건강한 식사' 혹은 '다이어트'라는 이름 아래 쏟아지는 수많은 정보 속에서, 무엇이 진짜 자신에게 필요한 방법인지 방향을 잡지 못하는 경우가 대부분이다.

 '인류는 불과 100년 전에는 방사능이 위험하다는 사실조차 알지 못했다.'
 '70년 전에는 담배가 수많은 사람의 생명을 앗아가게 될 줄 몰랐다.'
 '얼마 전 까지만 해도 '지방'보다 '액상과당'이 더 위험한 존재가 될 것이라고 상상하지도 못했다.'

 이처럼 수많은 오류와 오해를 거치며, 과학은 발전을 거듭 해왔다. 오늘날의 과학은 과거 치명적이었던 수많은 질병을 극복해 나가고 있으며, 생명공학은 이전에는 상상조차 할 수 없었던 가능성과 이론들을 현실로 만들어 가고 있다. 특히 인공지능 (AI)의 발전은 이제 인간의 사고와 판단의 영역까지 넘보고 있다.
 AI의 상용화는 방대한 의학 데이터를 분석해 새로운 치료법을 제시하고, 유전자 정보를 기반으로 개인 맞춤형 식단과 영양 관리를 제안할 수 있는 단계까지 왔다.

이번 장에서 다루는 '건강한 음식'의 기반이 되는 학문인 '영양학' 역시 예외는 아니다. 우리는 이제 음식 속 모든 성분을 분자 수준에서 분석할 수 있으며, 각각의 영양소가 우리 몸에서 어떤 작용을 하는지 상세히 알 수 있다. 그러나 아이러니하게도, 이러한 과학적 진보가 만들어낸 정보의 과잉은 오히려 일반인들을 더 큰 혼란으로 몰아넣고 있다.

매일 쏟아지는 새로운 연구 결과는 서로 대립하며, 어제까지의 상식을 오늘의 연구가 뒤엎는 경우도 적지 않다. 전문가들 사이에서도 의견이 끊임없이 바뀌는 상황에서, 평범한 개인이 혼란스러운 것은 어쩌면 당연한 일이다. '영양학' 분야의 '연구 결과'가 우리를 혼란스럽게 하는 것에는 몇 가지 구조적인 이유가 있다.

첫째, 인간을 대상으로 한 영양학 연구는 본질적인 한계를 가지고 있다. 음식에 대한 연구는 약물처럼 엄격하게 통제된 조건에서 실험하기 어렵다. 누군가에게 몇 년 동안 특정 음식을 섭취하게 하거나, 생활 전반을 장기간 동안 통제하는 것은 현실적으로 불가능하다. 이로 인해 다양한 외부 요인이 연구에 영향을 끼칠 수밖에 없고, 동일한 음식을 먹더라도 개인에 따라 대사 작용이 다르기 때문에 모든 사람에게 적용 가능한 일반화된 결론을 내리기 어렵다.

둘째, 상업적인 이해관계의 문제가 있다. 식품 업계의 거대 기업들은 자사 제품에 유리한 결과를 얻기 위해 연구를 후원하고, 해당 결과를 마케팅에 적극 활용한다. 연간 수백조 원의 규모로 성장한 건강기능식품 시장에서는, 과학적 근거가 부족한 제품 조차도 획기적인 효능을 지닌 것처럼 과장 광고되는 일이 비일비재하다.

언론 역시 이러한 흐름에서 자유롭지 않다. 사람들의 관심을 끌어올려, '클릭수'를 높이기 위한 자극적인 기사 제목과 내용은 정보를 정확하게 전달하기보다는 소비자의 관심을 끌기 위한 수단으로 전락하는 경우가 많다.

셋째, 연구 결과가 대중에게 전달되는 과정에서의 왜곡과 단순화로 인한 문제가 생길 수 있다. 연구 대상이 제한적인 소규모 실험이었음에도 불구하고, 그 결과가 모든 사람에게 일반적으로 적용 가능한 것처럼 보도되거나, 몇 주간 진행된 단기 실험의 결과를 마치 장기간의 추적 연구처럼 포장하는 경우도 많다. 또한, 동물이나 실험용 세포를 대상으로 한 연구의 결과를 사람에게도 그대로 적용될 수 있는 것처럼 설명하는 기사들도 쉽게 접할 수 있다.

이러한 문제들은 소비자에게 잘못된 정보를 전달할 뿐만 아니라, 무엇이 진짜 자신에게 필요한 선택인지에 대한 판단 자체를 흐리게 만든다. 따라서 우리는 이러한 현실을 인식하고, 보다 주의 깊게, 냉철하고 비판적인 시각으로 정보를 받아들이는 태도를 가져야 한다.

먼저 밝혀두고 싶은 것은, 나는 영양학자가 아니다. 개인적으로 20년 가까이 웨이트 트레이닝을 지속해 왔고, 10년 이상 사람들에게 운동을 지도하면서 얻은 '경험'과 '관련 지식'을 공부하며 깨달은 점이 있다면, 일반인에게 필요한 영양학의 핵심 내용은 생각보다 단순하다는 것이다.

물론, 영양학은 유기물을 다루며, 음식 섭취 후 인체에서의 작용 원리를 연구하는 매우 복잡하고 정교한 학문이다. 그러나 '그저 건강한 삶'을 살고자 하는 당신에게 실제로 필요한 내용은 몇 가지의 원칙이면 충분할 것이다. 지금도 정보는 끊임없이 생성된다. 인간의 지식은 항상 변하고, 발전하는 것이며, 영양학적 지식 역시 마찬가지다. 과거의 영양학적 지식과 현대의 영양학적 지식은 차이점이 존재하며, 미래의 지식도 현재와는 분명 다를 것이다.

그렇다고 해서 끝없이 바뀌는 최신 정보에 대해 지금 당장 걱정할 필요는 없다. 영양학자와 같은 전문가가 되려는 것이 아니라면, 기본적인 원리와 몇 안 되는 정보만 잘 정리해 이해해도 충분하다.

"이 책에서 다루는 내용은 평범한 당신이 더 나은 삶을 살기 위해 반드시 알아야 할 필수적인 영양학적 지식들이다."

기본적인 내용이기 때문에 시간이 흘러도 크게 바뀌지 않을 것이다. 자신의 몸을 건강하게 유지하는 일에는 전문 자격증이나 학위가 필요하지 않다. 의지와 노력, 보편적 사실들에 기반한 작은 지식을 몸으로 실천하는 것이 중요하다.

이 세상은 수많은 식료품과 건강보조식품을 중심으로

거대한 규모의 산업을 이루고 있다. 내가 운동을 처음 시작할 때인 20년 전에는 'BCAA'가 지금처럼 유행하지 않았다. '부스터'로 대표되는 '카페인'과 이름 모를 미네랄이 첨가된 '프리워크아웃' 제품 같은 상품들은 찾기 어려웠다.

오늘날 다이어트 식품과 영양제로 대표되는 전 세계 건강 기능 식품 시장 규모는 연간 1,700억 달러(약 200조 원)를 넘어섰다. 이는 [10]대한민국의 1년 정부 지출 예산의 1/3에 해당하는 엄청난 규모다. 이처럼 거대한 시장 안에서 몸집을 키우고 살아남은 기업들은 자신들의 제국을 유지하고, 확장하기 위해 끊임없이 새로운 마케팅 전략을 구사한다.

소비자들의 불안과 혼란은 그들에게 새로운 사업 기회가 된다. 80, 90, 2000년대의 선배들은 다양한 맛의 소스가 첨가된 '닭가슴살'과 '틸라피아' 대신 보다 저렴하고 쉽게 구할 수 있는 '돼지 고기'와 '소고기', '삶은 닭가슴살',

---

[10] 2025년 대한민국의 정부 지출 예산안은 약 677조다.

'동태살'을 먹으며 운동을 했다. [11]틸라피아의 영양성분과 동태살의 영양성분, 특히 단백질 함량은 크게 차이가 없다.

 기업이 정말로 바라는 것이 소비자의 현명한 선택 일지는 의문이다. 그들이 추구하는 것은 오직 상품 판매를 통한 이익 실현일 것이다. 이처럼 거대한 자본이 움직이는 시장 구조 속에서 소비자가 올바른 판단을 내리는 것이 쉬운 일은 아니다. 관련 지식과 경험, 확고한 기준이 없는 소비자는 매우 쉽게 흔들릴 수밖에 없을 것이다.

 따라서 당신은 단순하지만 본질적인 개념과 몇 가지 사실을 기억하고, 아래와 같은 몇 가지 내용을 바탕으로 흔들리지 않는 선택을 하는 자세가 필요하다.

 현대의 '영양학'에서 공통적으로 제시하는 '건강한 음식'의 기준은 다음과 같다.

---

[11] USDA 기준 조리된 틸라피아의 100g당 단백질 함유량은 26g 정도이며, 명태(Alaska Pollock)의 단백질 함유량은 23.5g이다. 틸라피아는 민물 생선으로 조리 시 특유의 흙냄새가 있을 수 있다.

1. 외부 환경으로부터 오염되지 않은 안전한 식재료를 사용.
2. 가공이 최소화된, 자연 상태에 가까운 식품.
3. 정제되지 않은 복합 탄수화물.
4. 단백질과 지방 함량이 적절하게 균형 잡힌 육류와 생선 및 유제품.
5. 식이섬유와 무기질이 풍부한 채소와 과일.

현대의 '영양학'에서 제시하는 건강한 식단 및 식습관의 기준은 아래와 같다.

1. 탄수화물, 단백질, 지방 비율의 균형.
2. 규칙적인 식사.
3. 과도하지 않은, 절제된 칼로리 섭취를 유지.

이 외에도, '대사증후군 환자'에게 적용되는 '저당 식단'과 같은 각 개인의 건강 상태와 목적에 따라 맞춰진 '식이요법'이 필요할 수 있다.

위에 말한 것들은 어렵지도, 다양한 지식을 필요하지 않는다. 너무나도 당연한 것들이며, 단순한 내용과 개념들이다. 위의 것들을 머리와 마음 속 깊이 간직했다면, 이제 당신에게 필요한 것은 실천 밖에 없다.

8장.
운동을 위한 단순한 영양학

"Less is more." - 미스 반 데어 로에

[사례]

서연 (27세, 디자이너)씨는 매일 아침 식탁 앞에서 깊은 고민에 빠진다. 최근에는 '인스타그램'을 열 때마다 묘한 불안감이 밀려온다. '클린 이팅(Clean Eating)', '오가닉 라이프 (Organic Life)'를 외치는 인플루언서들의[12] 피드에는 값비싼 유기농 식재료들이 끊임없이 등장한다.

'무항생제 유기농 방목 달걀' (개당 1,200원), '저온 압착 아보카도 오일' (250ml 35,000원), '5년 숙성된 이탈리아 유기농 발사믹 식초' (150ml 60,000원), '무농약 퀴노아'

---

[12] 각 사용자들이 올리는 게시물을 말한다.

(500g 15,000원) 등, 다양한 종류와 높은 가격대는 이목을 끌기 충분하다.

좋은 피부와 날씬한 몸매를 뽐내는 그들의 일상을 보며, 서연 씨는 무의식적으로 불안에 휩싸인다. 최근 야근이 잦아져 배달 음식에 의존하고 있는 자신의 모습이 마음에 들지 않았다.

'왜 나는 저렇게 못 하지?'
'저런 음식을 먹어야 예뻐질 수 있는 걸까?'
'나만 건강에 소홀한 건 아닐까?'

매일 쏟아지는 '건강한 음식과 식이요법'에 대한 정보는 서연씨를 더욱 혼란스럽게 만든다. 어제는 공복에 마시는 '디톡스 주스'가 좋다더니, 오늘은 큰 효과가 없다고 한다. 지난주에 구매한 '슈퍼푸드'는 이번 주, 다른 인플루언서의 피드에서는 과대광고라며 비판을 받고 있다.

결국 서연 씨는 고민 끝에 월급의 상당 부분을 프리미엄 식재료 구매에 쓰기 시작했다. 3개월간 적지 않은 돈을 썼다. 정확한 계산을 위해 각 품목을 비교해 계산해 본다. 평소 사먹던 평범한 식재료의 세 배 이상 비싼 가격에 가계부를 쓰면서 한숨이 나온다.

 게다가 같은 재료를 두고도 어떤 인플루언서는 극찬을 하고, 어떤 전문가는 "다른 상품과 큰 차이가 없다." 한다. 식재료에 지출하는 금액은 계속 늘어만 가고, 매일 반복되는 샐러드 준비와 설거지까지 혼자 감당하니 지치기만 한다.

 맛도 없는 식단을 의무감으로 매일 유지하는 일은 더욱 고통스럽다. 게다가 이 모든 과정을 인스타그램에 인증하지 않으면 왠지 자신의 노력이 아깝게 느껴지고, 유행에 뒤처진다는 불안감마저 몰려온다. 도무지 이것이 '음식을 먹기 위해 만드는 요리' 인지, '사진을 찍기 위한 퍼포먼스' 인지 구분이 어려울 지경이다.

 결국 한정된 월급으로 비싼 식재료를 사느라 외식은 줄이고, 취미 생활도 포기했지만 크게 달라진 것은 없다. 오히려 스트레스만 쌓이고 있다. 그렇게 서연 씨는 오늘도 장바구니를 들고, 마트의 유기농 식품 코너 앞에서 깊은 고민에 빠진다.

'이렇게까지 해야 건강할 수 있는 걸까?'

앞서 7장에서 살펴보았듯이, 현대 영양학은 너무나 복잡하고, 때로는 혼란스럽다. 다시 한번 강조하지만, 당신에게 실제로 필요한 것은 매우 간단한 몇 가지 지식이다. 영양학자나 전문의처럼 어려운 이론과 연구를 전부 이해할 필요가 없다. 당신에게는 그런 지식을 습득할 시간도, 그럴 여유도 없을 것이다.

대부분의 사람들은 생계를 위해 직장에 다니며, 휴일은 가족을 위해 시간을 보내거나, 친구를 만나거나, 휴식과 같은 여가 활동을 할 시간도 부족하다. 현대인은 어쨌든 바쁘며, 유한한 시간과 한정적인 소득을 분배하며 살아가는 존재다.

위에 제시한 가상의 사례처럼, 최근 인플루언서들 사이에서는 풀을 먹거나, 유기농 사료로 길러진 닭이 낳은 계란에 찍힌 '난각번호'까지 확인해 섭취해야 한다고 말하거나, 일반 마트에서 쉽게 구할 수 있는 식용유 대신, 저온 압착 방식으로 추출한 오일을 써야 한다는 이야기들을 종종 한다. 실제로 SNS에서 인기를 끄는 인플루언서들은 식재료의 원산지, 유통기한, 보관 방법, 조리 온도까지 철저히 확인하며, 조리 과정과 이후 먹는 모습까지 '완벽하게' 보여준다. 유기농 인증 여부, 출하 이력, 포장지의 친환경 소재 사용 여부에 이르기까지 꼼꼼히 따지며, 플라스틱 용기는 철저히 배제한 채 모든 음식을 유리 용기에 보관하는 모습을 강조한다.

우리는 이 같은 콘텐츠가 대부분의 평범한 일상과는 일정한 거리를 두고 있다는 사실을 인지해야 한다. 매일 아침 러시아워를 뚫고 출근해야 하는 직장인, 과중한 업무에 야근까지 해내는 사람들, 가족과 보내야 할 시간을 쪼개서 살아가는 평범한 사람들이 매일 두, 세 시간씩 주방에 서서 완벽한 식사를 준비하는 것이 과연 가능할까? 주말마다 마트를 돌아다니며, 신선한 유기농 재료만을 고집해 골라 담을 수 있는 경제적 여유와 시간이 있을까?

"사소한 것에 사로잡혀 본질을 놓치는 실수를 하지 않아야 한다."

완벽한 식재료와 식단을 추구하느라 정작 규칙적인 식사조차 지키지 못하고, 비싼 유기농 식료품을 사느라 삶의 다른 즐거움 들을 포기해야 한다면, 과연 그것이 진정한 의미의 '건강한 삶'이 라고 할 수 있을까?

예컨대 계란에 관해서라면, 닭의 스트레스와 '난각 번호'를 확인하고, 고민하기보다는 '자신의 활동량과 칼로리 섭취량에 맞춰 하루에 몇 개의 계란을 먹을 것인지 따지는 게 훨씬 더 중요하다.' 기름도 마찬가지다. 고온 압착 방법으로 만들어진 기름이 나쁘다며, 더 비싼 '저온 압착 기름'을 구매한 다음 이를 과하게 먹는다면, 오히려 건강을 해치는 결과를 초래할 수 있다.

다시 한번 강조하지만, '우리가 진정으로 기억해야 할 것은 '단순한 원칙'과 '실천 가능한 습관'뿐이다.' 당신은 전문가처럼 깊이 있게 공부할 필요도 없으며, 그럴 시간조차 없을 것이다. 그렇기에 우리는 단순하지만 본질에 가까운 사실들을 중심에 두고, 살면서 큰 스트레스를 받지 않고 실천할 수 있는, 지속 가능한 방향으로 전략을 세워 건강을 관리해야 한다.

다음은 건강한 몸을 만들고 유지하기 위해 반드시 알아야 할 음식과 식단에 대한 기본 '규칙'이다. 이 '규칙'들은 어렵지 않고, 명확하며, 누구나 실천할 수 있는 것들이다.

- 1일 섭취 총 칼로리의 관리가 최우선이다.
- 탄수화물, 단백질, 지방 등 주요 영양소의 균형을 지켜, 음식을 섭취한다.
- 개인의 활동량과 목적에 맞게 식사량을 조절한다.
- 완벽한 식재료를 찾기보다는, 현실에 맞는 선택을 한다.
- 경제적 여건을 고려해 지속적으로 구매 가능한 식재료로 식단을 구성한다.
- 과도한 집착과 스트레스를 피하고, 과정 자체를 즐긴다.

- 적당한 불편함은 받아들이고, 꾸준히 실천한다.
- 즉각적인 변화보다 점진적인 발전을 추구한다.

완벽한 식단을 추구하다 오히려 일상의 균형을 잃는다면, 결국 얻는 것보다 잃는 것이 더 많아질 것이다. 따라서, 자신의 생활 환경과 여건을 정확히 파악한 뒤, 현실적인 한계를 인정하고, 기본 '규칙'에 충실하며, 자신에게 맞는 최선의 선택을 하는 것이 중요하다.

물론, 식재료의 품질도 중요하다. 그러나 건강한 몸을 만들고 유지하기 위해 가장 중요한 것은 적당한 양을 규칙적으로 섭취하고, 얼마나 자주 몸을 움직이는 것에 있다. 결국, 당신에게 필요한 것은 완벽함이 아닌 '지속 가능한 방법을 꾸준히 하는 것'이다.

운동을 지도하며 많은 사람들을 관찰하며, 다음과 같은 몇 가지 '작은 통찰'을 얻을 수 있었다.

첫째, 대부분의 사람은 바쁘고 시간적 여유가 없다. SNS에서 볼 수 있는 화려한 식단이나 완벽한 식이요법과 관리는 현실에서는 '그림의 떡'에 불과하다.

둘째, 간단하고 누구나 이해할 수 있는 직관적 내용을 제외한 복잡한 정보는 일반인에게 큰 도움이 되지 않는다. 오히려 지나치게 많은 정보는 고민하는 시간을 늘리고, 불안감만 쌓으며, 결정을 미루게 만든다. 이는 실천 자체를 방해하는 요소가 된다.

시간적으로 여유가 없는 당신에게, 많은 책과 자료 및 경험을 바탕으로 정리한, 간단하면서도 누구나 이해할 수 있는 정보를 아래에 담았다. 다음 정보를 바탕으로 꾸준하게 노력한다면, 당신이 원하는 몸을 만들 수 있을 것이다.

I. 살이 찌는 이유는 단순하다.

만약 당신의 체중이 이미 늘어났거나, 증가하고 있다면 그 이유는 분명하다. 그동안 섭취한 에너지가 소비한 에너지보다 많았기 때문이다. 다음은 이를 뒷받침하는 기본적인 사실들이다.

1. 칼로리는 매우 정직하다. 소비하는 칼로리보다 더 많이 먹으면 체중은 증가한다.
2. 반대로, 섭취하는 칼로리보다 활동량이 더 많다면, 당연히 체중은 감소한다.
3. 1시간의 격렬한 운동은 약 500kcal 밖에 소비하지 못한다. (평균 체중의 성인 남성 기준)
4. 제발 물을 마셔라. 만약 당신이 매일 50kcal의 '스포츠 음료'를 1년 동안 먹는다면, 약 2~3kg의 체지방을 얻게 된다.
5. 커피와 '제로칼로리' 음료는 '물'이 아니다.
6. 건강한 몸을 원한다면, 몸에 필요한 양만큼 규칙적으로 건강한 음식을 섭취해야 한다.
7. 다양한 '칼로리 계산 어플리케이션(App)'을 활용해 자신의 1일 섭취량을 계산하고, 조절하라.

위의 내용은 상식적인 수준에서 모두가 이해할 수 있는 정보다. 다음은 왜 물을 마셔야 하는지에 대한 설명이다.

II. 우리는 왜 물을 마셔야 하는가?

인간의 생명을 유지하는데 있어 가장 기본적인 조건 중 하나는 '물'을 마시는 것이다. 그럼에도 불구하고 현대인은 커피, 탄산음료, 주스, 술 등 다양한 음료를 더 많이 소비하며, 정작 물을 마셔야 한다는 사실을 잊고 살아간다.

특히 최근에는 '제로칼로리' 음료가 건강을 위한 대안으로 여겨지며 인기를 끌고 있다. 그러나 '제로칼로리' 음료라고 해서 물의 대체품이 될 수는 없다.

'제로칼로리' 음료수에 들어간 [13]인공감미료에 대한 연구 자료는 매우 많으며, 찾아볼 것을 권한다.[14] 덧붙여 우리가 물을 마셔야 하는 이유에 대해서 조금 더 자세히 설명해

---

[13] 인공감미료와 탄산가스를 녹여냈으며, 알루미늄 캔이나 플라스틱 병에 담겨진 음료수가 당신을 건강하게 만들기는 어려울 것이다. 물론 기분은 좋아질 수 있다.

[14] 이 부분은 건너뛰어도 좋다. 대부분 한 번 쯤은 들어본 내용일 것이다.

보면 아래와 같다.

1. 물은 생명 유지에 필수적이다.
- 인체의 약 60~70%는 물로 이루어져 있으며, 모든 세포, 조직, 장기가 정상적으로 유지되는데 물은 필수적이다.
- 음식 없이도 몇 주간 생존이 가능하지만, 물 없이는 단 며칠도 버티기 어렵다.

2. '땀'은 체온 조절 기능을 수행한다.
- '땀'은 수분으로 이루어져 있다.
- 신체는 운동을 할 때, 고온의 환경에서 땀을 통해 체열을 방출하며, 체온을 안정적으로 유지한다.

3. 영양소와 산소의 운반을 돕는다.
- 물은 혈액의 주성분이다. 혈액은 영양소, 산소, 호르몬을 전신으로 운반한다.

- 대사 과정에서 발생한 노폐물을 배출하는 데도 관여한다.

4. 소화 기능을 원활하게 한다.
- 물은 변비 예방과 소화기관의 건강한 기능 유지에 중요하다.

5. 면역 체계를 유지한다.
- 적절한 수분 섭취는 신체의 항상성을 유지시켜 면역 체계를 유지한다.

다음은 탄수화물에 대한 설명이다.

III. 단백질보다 탄수화물에 중요성을 알고 잘 챙겨 먹는 것이 먼저다.

 탄수화물은 오랫동안 우리가 섭취하는 음식물의 영양소 중 가장 많은 비중을 차지해 왔지만, 그 중요성과 역할에 대한 오해가 많다. 아침에 일어나 출근하고, 집중해서 일하며, 운동을 하는 등 인간의 모든 활동에는 에너지가 필요하며, 인간은 탄수화물을 통해 가장 쉽게 에너지를 얻을 수 있다. 체내에서 탄수화물은 분해되어 포도당으로 전환되고, 이는 뇌와 근육을 포함한 모든 세포의 주요 에너지원으로 사용된다. 실제로 전체 섭취 칼로리 중 탄수화물이 차지하는 비율은 50% 이상이 되어야 한다는 것이 영양학적 권장 사항이다.

현대인에게 탄수화물 섭취의 가장 큰 문제는 '과잉 섭취'다. 그 중에서도 정제된 탄수화물과 '당'의 과다 섭취는 큰 문제다. 아래는 탄수화물 섭취에 있어 반드시 알아야 할 기본적인 내용들이다.

1. 탄수화물은 매우 중요한 에너지원이다.
- 전체 칼로리 섭취의 절반 이상을 차지하며, 우리 몸의 주요 에너지원이다.

2. 모든 탄수화물이 신체에서 같은 속도로 소화, 흡수되는 것은 아니다.
- 식품 종류마다 소화·흡수 속도가 다르며, 과일도 종류마다 다르다.

3. 정제된 탄수화물과 과당이 포함된 당을 과다 섭취하면 건강에 문제가 생긴다.
- 현대인은 대부분 '이런 종류의 당'을 필요 이상으로 섭취하고 있다.

4. 과일은 건강식이지만, 과도한 섭취는 문제가 될 수 있다.
- 설탕은 주의하면서, 과일을 많이 먹는 사람들이 많다.
- 과일 역시 많은 양의 당을 함유하고 있음을 인지하고 주의하는 것이 좋다.

5. '밥 대신 빵이나 면을 자주 먹는다'는 사람들의 '몸'은 대체로 좋지 않다.

- 대부분 정제된 탄수화물을 과도하게 섭취하고 있다.

6. 우리가 생각하는 파스타, 국수, 빵의 1인분은 실제 권장하는 '양'보다 훨씬 많다.
- 파인다이닝에서 제공되는 적은 양이 실제 적정량에 가깝다.

7. 다양한 복합 탄수화물을 먹어보며, 자신의 몸에 잘 맞는 음식을 찾는 것이 중요하다.
- 먹어본 식재료 중에서 소화가 잘되는 것을 파악하는 것이 중요하다.

8. 흰 쌀밥 자체가 문제인 것은 아니다.
- 문제는 특정 음식을 과도하게 섭취하며, 활동량이 부족한 생활 방식에서 온다.
- 탄수화물을 적절한 양을 섭취하고, 충분한 신체 활동을 하는 것이 핵심이다.

9. 대사증후군이 있는 경우, 탄수화물을 절제하는 것이 더욱 중요하다.
- 이 경우에는 영양사나 전문의의 상담을 통해 개인 맞춤 식단을 계획할 것을 추천한다.

탄수화물은 오랜 시간 동안 우리 식단의 중심이 되어 왔지만, 그 역할과 영향에 대해서는 많은 사람들이 어렴풋이 알고 있다. 예를 들어, 탄산음료 한 캔에 들어있는 설탕의 양은 WHO에서 권장하는 하루 섭취량을 크게 초과하지만, 대부분의 사람들은 이 사실을 크게 신경 쓰지 않는다. 더 심각한 문제는 이러한 당류가 우리가 인식하지 못하는 다양한 식품 속에 숨어 있다는 점이다. 건강식품으로 여겨지는 과일 요거트 한 컵에도 상당한 양의 설탕이 포함되어 있다.

많은 사람들이 '밥 대신 빵이나 햄버거, 면을 자주 먹는다'고 말하며, 이는 곧 '정제된 탄수화물을 자주 섭취하고 있다는 것'과 같은 말이다. 실제로, 햄버거 세트 하나만으로도 성인의 일일 권장 탄수화물 섭취량의 절반 이상을 채울 수 있다. 우리는 이런 정보를 기억하고, 평상시 정제된 탄수화물 대신, 건강한 탄수화물 섭취를 위해 노력해야 한다.

건강한 탄수화물 섭취를 위해서는 복합 탄수화물에 주목해야 한다. 퀴노아, 현미, 귀리와 같은 복합 탄수화물 식품은 체내에서의 소화, 흡수 속도가 느려 혈당을 천천히 올리며, 단백질과 식이섬유가 풍부해 영양소의 균형을 맞추는데 도움이 된다. 그리고, 감자나 고구마와 같이 한 종류의 식품으로 식단을 구성하는 것은 다양한 영양소를 고르게 섭취하기 어렵고, 장기적으로 지속하기도 힘들어 체중을 감량하는데 있어 좋은 방법이 아니다. 특히 대사 증후군 환자의 경우, 탄수화물 섭취에 더욱 주의를 기울여야 한다. 체내 흡수 속도가 느리고 혈당을 급격히 올리지 않는 식품 위주로 식단을 구성하는 것이 매우 중요하다.

예를 들어, 흰 쌀밥 대신 잡곡밥을 선택하는 것이 더 좋은 선택이 될 것이다.

탄수화물 못지않게 단백질도 중요하다. 다음은 단백질에

대한 설명이다.

IV. 단백질 또한 탄수화물만큼 중요하다.

[사례]

태준 (23세, 대학생)은 6개월 전부터 헬스장에 다니기 시작했다. 운동을 시작한 이후로 그의 일상은 180도 바뀌었다. 특히 식단에 대한 집착은 강박적인 수준이었다.
[15]"형, 운동 끝나고 30분 안에 '프로틴' 안 먹으면 다 헛수고야. 근육 합성의 골든 타임을 놓치면 안 돼."

태준은 운동이 끝나자마자 서둘러 단백질파우더와 쉐이

---

[15] "기회의 창(Anabolic Window)"이라 불리는 이론이다. 운동직후 30분에서 1시간이내에 적당량의 단백질과 탄수화물 같은 영양소를 섭취하는 것이 근육생성에 도움을 준다는 이론이다. 효과가 불분명하며, 일반인은 크게 신경 쓰지 않아도 된다.

커를 꺼내 들었다. 그의 가방 안에는 여러 종류의 프로틴 파우더와 영양제가 들어있다.

"이건 근육 생성용, 이건 회복용… 운동 전, 후 시간대별로 다 따로 먹어야 해."

그의 여자 친구는 그의 이런 모습이 걱정스러웠다.

"그냥 밥 잘 챙겨 먹으면 되는 거 아냐?"

하지만 태준은 고개를 저었다.

"일반 음식으로는 부족해. 하루에 체중 1kg당 단백질 2g은 반드시 채워야 해. 그래야 근육이 제대로 붙어."

식당에서도 그는 현미밥과 닭가슴살로 만든 준비한 도시락을 꺼냈으며, 데이트 중에도 예외는 없었다.

"탄수화물은 살만 찌우는 거야. 단백질이 가장 중요해."

운동을 마치고 집으로 돌아가는 길, 그는 시계를 자주 확인하며 조바심을 냈다.

'아… 벌써 20분이나 지났네. 빨리 단백질 보충제를 먹어야 해. 10분 안에 안 먹으면, 기회의 창이 닫혀서 오늘 운동이 다 물거품이 될 거야.'

주변 사람들은 그의 극단적인 행동을 이해할 수 없었다.

그러나 그에게는 이 모든 것이 당연하며, 그가 상상하는 '완벽한 몸'을 만들기 위한 의식이자 약속이었다.

물론, 위 사례는 다소 극단적인 이야기로 보일 수 있다. 실제로 운동을 시작한 많은 이들이 위 사례에서 나타난 행동과 유사한 강박 및 규칙 속에 스스로를 가둔다. 매우 안타까운 일이다.

집착은 바르게 알지 못하는 것으로부터 나온다. 단백질은 근육 생성과 회복, 그리고 전반적인 건강을 위해 반드시 필요한 영양소다. 그러나 중요하다고 해서 단백질을 지나치게 강조하는 태도는 오히려 섭취하는 영양분의 균형을 무너뜨릴 수 있다. 아래는 단백질 섭취에 대해 우리가 알아야 할 몇 가지 사실이다.

1. 운동하는 사람들이 다른 영양소보다 단백질만을 강조하는 것은 어리석은 일이다.

2. 단백질의 섭취가 중요하지 않다는 뜻이 아니다.

- 단백질은 우리 몸에 필요하며, 중요한 것은 맞다. 그러나 과하면, 오히려 건강에 해가 될 수 있다.
- 실제로 단백질을 부족하게 섭취하는 현대인은 매우 드물며, 특히 대한민국에서는 거의 없다.

3. 모든 종류의 단백질이 내 몸에 잘 맞는 것은 아니다.
- 체질에 따라 맞지 않는 경우도 있으니 주의가 필요하다.

4. 따라서 자신이 즐겨 먹을 수 있고, 부담 없이 먹을 수 있는 단백질원을 찾는 것이 중요하다.

5. 육류나 생선의 적정 '1 인분'은 100g~150g 정도이며, 이는 자신의 손바닥만 한 크기와 비슷하다.

6. 대부분의 사람들은 이보다 많은 양을 한 번에 섭취한다. 그 결과 체중이 증가할 수 있다.

7. 일반인의 경우, 체중 1kg당 단백질 2g을 섭취하더라도 이를 완전히 소화, 흡수하지 못하는 경우가 대부분이다.

8. 프로틴 파우더(단백질 보충제)는 단순한 식품일 뿐이며, 반드시 필요한 것은 아니다.

9. 운동을 하는 사람들이 다른 영양소를 배제하고, 단백질만 강조하는 것은 균형 잡힌 영양 섭취의 관점으로 볼 때 적절하지 않다.

단백질이 근육을 생성하는 데 필요하며, 건강에 중요한 역할을 하는 것은 사실이지만, 과도한 섭취는 오히려 해로울 수 있다. 많은 양의 단백질 섭취는 신장에 부담을 줄 수 있으며, 장기적으로는 신장 기능의 저하를 가져올 수 있다. 또한, 고단백 식품에는 대부분은 지방이 함께 포함된 경우가 많아, 고지혈증이나 심혈관계 질환의 위험성도 증가할 수 있다.

균형 잡힌 식사를 유지하는 것은 단순한 식단 관리 이상의 의미를 지닌다. 우리 몸은 단백질만으로 유지되지 않는다. 탄수화물, 지방, 단백질, 비타민, 미네랄 등 다양한 영양소가 조화를 이루어야 건강이 유지된다. 개인의 나이, 성별, 활동량, 건강 상태에 따라 필요한 영양소의 양이 다르며, 모든 사람에게 동일한 기준을 적용하는 것은 좋은 방법이 아니다. 자신에게 맞는 균형 잡힌 식단을 구성하는 것이 중요하며, 단순히 특정 영양소에 집착하기보다는 전체적인 식사의 질을 높이는 데 초점을 맞추는 것이 장기적인 건강 관리에 더 효과적이다.

오랫동안 '지방'은 체중 증가의 주범으로 오해를 받았다. 단순하게, 지방은 없애야 할 대상이 아니다. 우리 몸에 필요한 중요한 에너지원이자 필수 영양소다. 다음은 지방에 대해 다시 생각해 봐야 할 사실들이다.

V. 지방을 외면하지 마라.

1. 지방은 음식의 맛을 담당한다.

- 고소함, 풍미, 부드러움은 대부분 지방에서 온다.

2. 좋은 지방을 먹는 것이 중요하다.
3. 지방은 음식의 맛을 담당한다.
4. 당신이 먹는 음식이 맛있다면, 지방이 충분히 많이 든 음식이다.
5. "맛있는 음식을 자주 먹는다." 이 말은 매일 맛있는 음식만 먹는다는 말과 같다.
6. 사람들은 [16]트랜스지방이 나쁘다는 점은 다 알지만, 햄버거나 과자는 끊지 못한다.
7. 맛있는 음식을 배부를 때까지 먹으면서 체지방을 줄이는 방법은 없다.

---

[16] 트랜스지방은 액체 상태인 기름에 수소를 첨가하여 고체로 만드는 과정에서 만들어지는 지방이다. 대표적으로 마가린과 식물성쇼트닝이 있다. 콜레스테롤 수치를 증가시켜 심근경색과 같은 심혈관 질환을 유발하는 것으로 알려져 있다. 출처: 식품안전정보원

8. 체지방 1kg은 약 7,000kcal의 열량을 가진다.
9. 7,000kcal를 운동으로만 없애기 위해서는 10~15 시간을 운동해야 한다.
10. 땅콩, 아몬드, 호두와 같은 견과류도 운동하지 않고 먹는다면 살만 찌울 뿐이다.

 지방은 단순히 체내에 저장되는 것만이 기능의 전부가 아니다. 우리는 '좋은 지방'과 '나쁜 지방' 사이의 구분을 명확하게 해야 한다. 지방을 아예 피하는 것은 현명한 선택이 아니다. 어떤 지방을, '얼마나', '어떤 상황'에서 먹을 것인가를 아는 것이 중요하다. 지방은 우리 몸에 필요하며, 다양한 역할을 하며 활용된다.
 우선, 지방은 [17]지용성 비타민의 흡수와 운반을 돕는다.

---

[17] 비타민에는 비교적 물에 잘 녹는 수용성 비타민과 기름에 잘 녹는 지용성 비타민이 있다. 수용성 비타민에는 비타민B군, 비타민C 등이 있으며, 지용성 비타민에는 비타민 A,D,E,K가 있다.

지용성 비타민은 '면역 기능', '뼈 건강', '체내 항산화 작용' 등에 활용된다. 또한 지방은 세포막의 주요 구성 요소로, 세포의 구조와 기능 유지에 중요한 역할을 한다.

호르몬 생성에도 지방이 필요하다. 성 호르몬 (에스트로겐, 테스토스테론), 코르티솔과 같은 호르몬은 콜레스테롤을 원료로 만들어지며, 우리 몸의 다양한 기능을 조절해 항상성을 유지하는 데 필수적이다. 오메가-3 지방산은 인지 기능과 심혈관질환 예방에 중요한 역할을 한다고 알려져 있다. 위와 같은 사실에도 불구하고, 많은 사람들은 체중 감량을 위해 극단적으로 지방의 섭취를 제한하는 방법을 선택한다.

저지방 식단은 생각만큼 건강에 도움이 되지 않는다. 부족한 지방 섭취는 신체에 필요한 필수 지방산 부족, 호르몬 불균형, 지용성 비타민 흡수 저하 등의 문제를 일으킬 가능성이 있다. 또한 포만감이 떨어져 오히려 과식을 유발할 가능성이 있다. 반면, 적절한 양의 건강한 지방을 포함한 균형 잡힌 식단은 장기적인 체중 관리에 더 효과적이며, 전반적인 건강 상태를 개선하는데 도움을 줄 수 있다.

극단적인 저지방 식단을 유지하는 것과 반대되는 고지방 식단을 유지하는 식이요법인 '키토제닉 다이어트' 역시 큰 효과가 없는 것은 마찬가지다. 이 방법은 얼마 전부터 마치 마법의 다이어트처럼 소개되곤 하지만, 실상은 그렇지 않다.

'키토제닉 다이어트'의 원리는 간단해 보인다. 바로, 탄수화물을 극단적으로 제한하고 지방 섭취를 대폭 늘리는 것이다. 이론상으로는 신체가 탄수화물 대신 지방을 주 에너지원으로 사용하게 만들어 체지방을 효과적으로 줄여준다고 한다. 그러나 이는 수만 년 동안 진화해 온 우리 몸의 복잡한 메커니즘을 지나치게 단순화한 것이다.

음식의 맛을 결정하는 영양소는 '지방'이기 때문에 다른 다이어트보다 지방 섭취를 극대화하는 '키토제닉 다이어트'가 더 쉽게 느껴질 수밖에 없다. 그러나 과일, 통곡물, 콩류 등 탄수화물과 식이섬유가 많이 함유된 음식들을 배제하면 필수 영양소들이 전체적으로 부족해질 가능성이 있다.

이 밖에도 초기에 나타나는 '케토독감'이라 불리는 불쾌한 증상들이 나타날 수 있다. '케토독감(Ketoflu)'은 '키토제닉' 다이어트를 시작한 초기에 일부 사람들이 경험하는 일련의 증상들을 말한다. 이는 우리 몸이 탄수화물 대신 지방을 주된 에너지원으로 사용하는 것에 적응하는 과정에서 발생한다. 주요 증상은 다음과 같다.

1. 피로감과 무기력증
2. 두통
3. 어지러움과 메스꺼움
4. 소화 불량
5. 근육 경련이나 통증
6. 집중력 저하
7. 수면 장애

이러한 증상들은 일반적으로 '키토제닉 다이어트' 초기에 나타나며, 대부분은 1~2주 내에 자연스럽게 사라진다. 그러나 사람에 따라 더 오래 지속되거나 증상이 심할 수 있으며, 이 경우에는 전문가와 상담하는 것이 바람직하다. '케토독감'에 나타나는 증상을 완화하기 위해서는 충분한 수분 섭취, 전해질 보충, 적절한 휴식, 가벼운 운동 등이 도움된다.

'케토독감'의 주요 원인은 복합적이다. 우선, 탄수화물 섭취를 단시간 내에 급격히 줄이면, 신체의 균형이 무너질 수 있다. 대사 작용에 사용하는 주 에너지원을 탄수화물에서 지방으로 전환되기 까지는 상당한 시간과 적응 과정이 필요하다.

일부에서 '키토제닉 다이어트'를 '환상적인 다이어트' 방법으로 극찬하지만, 이러한 평가는 과장된 측면이 있으며, 장기적인 효과와 안전성에 대한 연구는 아직 충분하지 않다. 또한 콜레스테롤 수치 상승, 신장 부담 등과 같은 잠재적 위험성도 지적되고 있다.

평범한 사람이 한쪽으로 치우친 극단적인 식단을 오랫동안 유지하기란 현실적으로 매우 어렵다. 적당량의 탄수화물, 단백질, 지방을 골고루 섭취하는 균형 잡힌 식단이 더 효과적이며, 지속 가능한 방법이다. 개인별로 필요한 지방의 섭취량은 다를 수 있지만, 일반적으로 일일 섭취 칼로리의 20~35%를 지방으로 채우는 것이 권장된다. 지방을 무조건 피하기보다는 건강에 좋은 지방을 적절히 섭취하고, 이를 탄수화물, 단백질과 함께 균형 있게 섭취하는 것이 건강한 식단의 핵심이다. 다음은 비타민과 미네랄에 대한 설명이다.

VI. 비타민과 미네랄

[사례]

민주 씨는 4살 아들을 키우는 싱글맘이자 10년차 개발자다. 최근 그녀는 회사에서 새롭게 시작된 정부 기관의 프로젝트의 책임자로 배정되면서 업무량이 급증했고, 야근이 잦아지면서 그녀의 체력은 급격히 떨어졌다. 아들과 함께 할 시간도 부족해졌고, 한 달 전에 걸린 감기가 나아지지 않아, 최근에는 건강에 대한 우려가 커졌다.

퇴근길 지하철에서 스마트폰을 보던 민주 씨는 건강기능

식품 광고에 눈길이 갔다. "하루 한 알로 완벽한 영양 섭취!", "직장인 필수영양제", "면역력 강화" 같은 문구들이 그녀의 시선을 사로잡았다. 인스타그램의 피드를 넘길수록 다양한 브랜드의 영양제 광고들이 연이어 나타났다

체력 저하와 "요즘 피곤해 보인다"는 주변의 말에 불안해진 민주 씨는 곧바로 여러 제품을 온라인으로 주문했다. 그녀는 종합 비타민을 비롯해 비타민 C, D, 오메가3, 마그네슘, 아연, 루테인 등 각종 영양제를 구매했다. 그녀는 매일 아침 식사 대신, 한 줌의 영양제를 삼키며 이것이 자신의 건강을 지켜줄 거라 믿었다.

그러나 얼마 지나지 않아 예상치 못한 증상들이 나타나기 시작했다. 메스꺼움과 두통이 잦아졌고, 피부에 원인 모를 발진까지 생겼다. 처음에는 단순히 피로 때문이라고 생각했지만, 증상이 점점 심해져, 결국 병원을 찾았다.

의사는 민주 씨의 이야기를 들은 뒤 혈액검사와 기본 검진을 권했다. 일주일 뒤 병원을 다시 찾은 그녀는, 검사 결과를 기다리는 동안 진료실 앞에서 불안한 마음을 감추지 못했다. 담당 의사는 검사 결과에 대해 담담하게 말했

다.

"혈액검사 결과 일부 수치가 정상 범위를 벗어났습니다."

이어서 과도한 영양제 섭취로 인한 부작용일 수 있다고 설명했다. 특히 지용성 비타민의 과다 섭취는 간 손상을 줄 수 있으며, 특정 미네랄의 과잉 섭취 역시 위장 장애를 발생시킬 가능성이 있고, 이는 곧 다른 영양소의 흡수를 방해해 문제를 일으킬 수 있다고 했다.

민주 씨는 충격을 받았다. 건강을 지키기 위해 시작한 행동이 오히려 건강을 해치고 있었던 것이다. 의사는 건강을 위해서는 균형 잡힌 식단, 규칙적인 운동, 충분한 수면이 영양제보다 더 중요하다고 조언했다. 또한 영양제를 먹기 전 반드시 전문가와 상담한 뒤, 자신의 상태에 맞는 적정량을 섭취해야 한다고 강조했다.

대부분의 현대인은 위 사례처럼 비타민과 미네랄의 부족을 '건강기능식품', 즉 '영양제'를 통해 채우려 한다. 그러나 다음과 같은 이유로 인해 영양제에 의존하는 행동을 매우 안타깝게 생각한다.

1. 실제로 비타민과 미네랄이 부족해서 병에 걸리는 일은 극히 드물다.
2. 양질의 음식을 골고루 섭취하면 필요한 비타민과 미네랄은 충분히 공급받을 수 있다.
3. '편리함'과 '맛' 만을 고려한 식습관을 유지하면서 비타민 부족을 걱정하는 것은 모순된 행동이다. 예를 들어, 떡볶이만 먹으면서, 건강하기를 기대하는 것과 같다.
4. 자신의 몸에 이상이 느껴진다면 영양제를 구매해 복용하는 것보다는 우선 병원을 찾아가 정확한 진단과 적절한 치료를 받는 것이 더 중요하다.

　비타민과 미네랄은 우리 몸이 정상적인 기능을 유지하는 데 필수적이다. 그러나 수십 년 동안 '건강 기능식품 시장'이 커지며, 특정 영양소가 포함된 제품의 효능이 과장되어 광고되는 일이 많아졌다. 이로 인해 많은 사람들이, 건강에 대한 막연한 불안감과 광고에 영향을 받아 불필요하게 많은 종류의 영양제를 섭취하고 있다. 우리의 몸은 기본적으로 균형 잡힌 식단과 규칙적인 식사를 통해 충분한 비타민과 미네랄을 섭취할 수 있도록 되어 있다.

다양한 종류의 과일, 채소, 곡류, 단백질, 지방을 포함한 균형 잡힌 식사는 우리 몸에 필요한 영양소를 모두 제공한다. 물론, 사고나 질병 등으로 특정 영양소의 섭취가 어려운 경우, 또는 신체의 기능 저하로 인해 특정 영양소를 음식물로 섭취할 수 없는 경우, 주변 환경에 의해 특정 식품을 섭취하기 어려운 사람들에게는 부족한 영양소가 포함된 영양제가 필요할 수 있다. 그러나 만약 당신이 평범한 생활을 하는 보통의 사람이라면, 과도한 비타민, 미네랄의 섭취는 오히려 건강에 이롭지 않을 수도 있다는 점을 인지해야 한다. 만약, 건강기능식품을 복용해야 한다면, 반드시 전문가의 상담을 통해 자신의 건강 상태와 필요한 영양소를 정확히 파악하는 것이 중요하다.

이번 장의 내용 중 이해하기 어려운 부분은 없을 것이다. 건강한 삶을 위해 필요한 것은 균형 잡힌 음식을 규칙적으로 먹으며, 주기적으로 운동하고, 매일 충분한 잠을 자는 것이다.

이미 누구나 알고 있는 기본적인 것들이다.

9장.
단백질 파우더와 같은 보충제를 먹어야 할까?

"광고는 사람들이 가지고 있지도 않은 돈을 써서 필요하지 않은 것들을 사도록 하는 예술이다." - 윌 로저스

이번 장에서는 단백질 파우더로 대표되는 각종 운동용 보충제에 대해 말해보겠다. 운동용 보충제에 대해서는 여러가지 정보와 의견이 존재하지만, 이 장에서 제공하는 내용을 바탕으로 보충제에 대해 합리적인 판단을 내리고, 현명한 선택을 할 수 있기를 바란다.

I. 대부분의 보충제는 마케팅이 전부다.

[18]'대부분의 보충제는 효과가 거의 없다고 봐도 무방하다.' 당신이 구매하는 보충제 가격의 상당 부분은 '마케팅 비용'이다. 특히 '아나볼릭 스테로이드'와 같은 불법 약물을 사용한 보디빌더나 스포츠 모델을 광고 모델로 고용하는 데 대부분의 돈이 사용된다. 광고에 등장하는 모델들의 완벽해 보이는 몸은 대부분 '불법 약물'과 '이미지 보정 기술'(예: 포토샵) 의 도움을 받아 만들어진 것이다.

단순히 보충제를 먹는다고 해서 그와 같은 몸을 만들 수 있을 것이라고 기대하는 것은 어리석은 일이다. 보충제의

---

[18] 이 주장에 대해 많은 논란이 있을 수 있다. 많은 논란에 개인적 의견을 하나 추가하는 이유는 다음과 같다. 전 세계적으로 대부분의 운동용 보충제 업체들은 단순한 식품회사인 경우가 대다수이며, 검증되지 않은 성분이 포함된 제품을 생산하고 판매하는 경우도 많다. 대부분의 소비자들은 이 사실을 모른다. 그래서 위와 같은 의견을 추가한다.

긍정적인 효과라고 한다면, 섭취하는 사람들에게 '몸이 좋아질지도 모른다.' 는 심리적 믿음, 즉 플라세보 (위약) 효과를 주는 것 정도다.

II. 그나마 효과가 있는 보충제는 '식사 대용 보충제'정도다.

사람들이 꿈꾸는 이상적인 몸은[19] 근육이 많고, 체지방이 적은 몸이다. 이러한 몸을 만들기 위해서는 '근육량'의 증가가 필수적이며, 이를 위해 다음 세 가지 요소가 반드시 뒷받침되어야 한다.

1. 체계적인 훈련
2. 적절한 휴식 및 회복 (훈련 전, 후)
3. 충분한 영양소의 공급

---

[19] 근육이 많은 몸이 체지방이 많은 몸보다 심미적으로, 기능적으로 뛰어난 것은 당연하다. 더 건강할 가능성이 큰 것도 당연하다.

대부분의 사람들은 위의 세 가지 요소를 제대로 지키지 않는다. '체계 없이 운동하며', '휴식을 취하지 않고', '먹는 것마저 소홀히 한다'. 이유는 간단하다. 바쁘고, 귀찮기 때문이다.

 이러한 현대인들의 욕구와 라이프스타일을 반영해 간편하게 섭취할 수 있는 다양한 '식사 대용 보충제'가 등장했다. '식사 대용 보충제'는 실제 추가적인 영양소의 공급 측면에서는 일정 부분 효과가 있다.

 단, 대부분의 보충제 제조 업체는 원가 절감을 통한 최대 이익을 실현하는 기업이기 때문에 질 낮은 원재료를 쓰는 곳이 매우 많다. 따라서 소비자는 좋은 원재료를 사용한 제품을 찾아서 먹는 것이 중요하며, 현란한 마케팅 문구에 흔들리지 않아야 한다.

 결국, 보충제는 부족한 칼로리를 채워 줄 식품일 뿐이다. 아무리 보충제를 통해 추가적인 영양소를 섭취한다고 하더라도, 평소의 식습관에서 좋은 부분을 찾아볼 수 없다면, 보충제의 효과는 기대하기 어렵다. 근육 증가를 위한 세 가지 핵심 요소 중 하나인 '충분한 영양소의 공급'은 단순하게 보충제만으로 해결될 수 있는 문제가 아니다. 건강한 음식을 먹는 '식사'가 지속적으로 이루어져야 한다. 보충제에 의존하기 보다는 '체계적인 훈련', '충분한 휴식과 회복', '충분한 영양소의 공급'과 같은 기본을 먼저 지키는 것이 진정한 해결책이다.

III. 굳이 먹고 싶다면, 이 정도는 알고 먹기를 바란다.

A. 단백질 파우더
1. 단백질은 근육을 구성하고 회복을 돕는 필수적인 영양소다.
2. 운동하는 사람들을 위해 판매되는 단백질 보충제는 대부분 '유청 단백질'(Whey Protein)이다.
3. '유청 단백질'은 우유에서 추출한 성분으로 만들어진다. 그래서 '유당불내증'이 있는 사람에게는 소화에 불편을 줄 수 있다.
4. '유당불내증'이 있는 경우에는 '식물성 단백질' 등 자신에게 맞는 대체 단백질을 찾는 것이 바람직하다.

5. 단백질 파우더는 가격이 다소 비싸더라도, 품질 좋은 원재료를 사용하는 신뢰할 수 있는 브랜드의 제품을 선택하는 것이 좋다.
6. 처음부터 많은 양을 섭취할 필요가 없다. 과도한 섭취는 체내에서 단백질의 소화와 흡수가 제대로 이루어지지 않아, 오히려 소화 기관에 부담을 준다.
7. 일반적으로 운동 후 단백질 섭취량은 10~20g 정도면 충분하다. 이는 체중과 운동 강도에 따라 달라질 수 있으며, 단순한 참고 기준이다.

다음은 기본적 사항 이외에 추가로 알고 있으면 좋을 내용이다.

〈단백질 보충제에 대해 알아두면 좋은 추가 정보〉

1. 단백질 보충제의 종류
- 유청 단백질(Whey Protein) : 빠른 흡수, 필수 아미노산과 BCAA 함량이 높아 운동 직후 섭취에 적합하다.

- 카제인 단백질(Casein Protein) : 체내 흡수가 느려 장시간 아미노산을 공급하며, 주로 취침 전에 섭취한다.

- 대두 단백질(Soy Protein): 식물성 단백질로, 유당불내증이 있거나, 채식을 하는 사람에게 적합하다.

2. 단백질 파우더 선택 시 주의할 점
- 인공 감미료, 착색료, 방부제 등 불필요한 첨가물이 포함된 제품은 피하고, 최대한 성분이 단순하고, 믿을 만한 시설에서 생산된 제품을 선택하는 것이 바람직하다.

3. 보관 방법
- 직사광선을 피하고, 서늘하고 건조한 곳에 밀봉하여 보관한다.

- 유통기한을 확인하고, 개봉 후에는 가급적 빠른 시일 내에 섭취하는 것이 좋다.

4. 과다 섭취 시 부작용
- 과도한 단백질 섭취는 소화 불량, 설사, 탈수 증상 뿐만 아니라 간과 신장에 부담을 줄 수 있다.

5. 건강 상태에 따른 고려 사항
- 기존에 신장 질환이나 간 질환이 있는 경우, 단백질 보충제를 섭취하기 전 반드시 의사나 영양 전문가와 상담할 것을 추천한다.

이번에는 '아미노산'에 대해 살펴보겠다. '아미노산'은 단백질의 소화 과정에서 분해되어 얻어지는 성분으로, 최근에는 '아미노산' 단독적인 형태로도 많은 보충제가 제작 되어, 판매되고 있다.

늘 그렇듯 '아미노산 보충제' 또한 모든 사람에게 반드시 필요한 것은 아니다. 다음은 아미노산에 대한 기본적인 내용이다.

B. 아미노산
1. 단백질은 인체 내에서 소화 과정을 거쳐 아미노산으로 분해된다.
2. 대부분의 현대인은 이미 일상적인 식사를 통해 충분한 단백질을 섭취하고 있으므로, 대부분의 경우 아미노산 보충제는 필요하지 않다.
3. 다만, 채식주의자처럼 특정 식품군을 제한하는 식단을 유지하는 경우에는 아미노산 보충이 필요할 수도 있다.
4. 'BCAA', 'EAA', '아르기닌', '글루타민'을 광고하는 대부분의 모델들은 앞서 말한 것처럼 '아나볼릭 스테로이드'와 같은 약물을 통해 몸을 만든 사람들이다.

다음은 기본적 사항 이외에 추가로 알고 있으면 좋을 내용이다.

1. '필수 아미노산'은 음식물을 통해 충분히 섭취할 수 있다.

- '필수 아미노산'이란 체내에서 자체적으로 합성할 수 없어 반드시 음식으로 섭취해야 하는 9가지 아미노산을 말한다.

- 종류는 '히스티딘', '이소류신', '류신', '라이신', '메티오닌', '페닐알라닌', '트레오닌', '트립토판' 및 '발린'이다.

2. BCAAs (Branched Chain Amino Acids, 분자사슬 아미노산)

- 필수아미노산 가운데 '류신', '이소류신', '발린'을 이르는 말이다.

- 근육의 단백질 합성을 촉진하고 근육 손상을 줄이는 데 도움을 줄 수 있다고 알려져 있다.

3. 아미노산 보충제의 효과에 대한 연구
- 일부 연구에서는 'BCAA' 섭취가 근육 회복에 도움이 될 수 있다고 본다.

- 그러나 균형 잡힌 식단을 통해 충분한 단백질을 섭취하는 경우, 추가적인 효과는 크지 않다.

- 전문 운동선수가 아닌 일반인이라면, 아미노산 보충제보다는 필수 영양소를 매일 고르게 섭취하는 것이 더욱 중요하다.

4. 과도한 아미노산 섭취의 부작용
- 위장 불편, 설사 등의 소화기 증상
- 과잉 섭취 시 신장에 부담을 줄 수 있다.

5. '아미노산 보충제' 선택 시 고려사항
- 신뢰할 수 있는 브랜드를 선택할 것

- 인공 첨가물, 감미료 등 불필요한 성분이 최소화된 제품을 선택할 것
- 개인의 건강 상태를 고려해 섭취할 것

단백질 파우더와 아미노산 보충제에 대해 살펴본 데 이어서, 많은 사람들이 관심을 갖는 또 하나의 보충제인 '크레아틴'에 대해 알아보겠다. '크레아틴'은 그 효과가 과학적으로 비교적 잘 입증된 몇 안 되는 보충제 중 하나로, 근력 향상에 도움을 준다.

C. 크레아틴
- 크레아틴은 운동용 보충제 중에서도 비교적 확실한 효과가 입증된 몇 안 되는 성분 중 하나다.

- 운동 중 에너지를 공급하는 과정에서 중요한 역할을 하며, 특히 근력 및 고강도 운동 수행 능력 향상에 도움을 줄 수 있다.

- 크레아틴은 육류에 자연적으로 포함되어 있지만, 운동선수에게 필요한 만큼의 충분한 양을 섭취하려면 식사만으로는 부족할 수 있다.

- 크레아틴은 운동 퍼포먼스 향상에 영향을 주지만 '아나볼릭 스테로이드'로 대표되는 불법 약물과 같은 효과는 없다.

- 크레아틴은 마법의 영양제가 아니다.

C-1. 크레아틴 섭취 시 주의 사항
1. 크레아틴의 효과는 지속적이지 않다. 복용을 중단하면 보통 1개월 이내에 효과가 사라진다.
2. 일부 사람들은 크레아틴을 제대로 소화하지 못하며, 설사와 위장장애 같은 불편을 겪을 수 있다.
3. 장기간 과도하게 복용하면 신장이나 간에 부담을 줄 수 있다.

4. 평소 육류의 섭취가 충분한 사람은 크레아틴의 효과를 뚜렷하게 느끼지 못할 수도 있다.
5. 크레아틴의 권장 복용량은 체중에 따라 달라진다.
6. 일반적으로 '크레아틴 모노하이드레이트'의 경우 일일 2~3g을 약 3~4주 복용 후 1주일 정도 휴지기를 갖는 것이 권장된다.

다음은 기본적 사항 이외에 추가적으로 알고 있으면 좋을 내용들이다.

〈추가로 알아두면 좋은 사항들〉
1. 크레아틴의 작용 메커니즘
- [20]크레아틴은 근육 세포 내에서 ATP(아데노신삼인산)의 재생을 돕는다. 이는 고강도, 단시간 운동 시 에너지 공급을 개선하여 운동 퍼포먼스를 향상한다.

---

[20] 에너지가 필요할 때 크레아틴은 ADP를 ATP로 만들어 에너지원으로 작용하게 만드는 일을 한다. ATP는 '아데노신

2. 크레아틴이 효과적으로 작용하는 운동 유형
- 크레아틴은 특히 파워리프팅, 스프린트, 고강도 인터벌 트레이닝과 같은 짧고, 강도 높은 운동에 특히 효과적이다.

3. 수분 섭취의 중요성
- 크레아틴은 근육 내 수분 저장량을 증가시키므로, 충분한 수분 섭취가 중요하다.

4. 체중에 미치는 영향

삼인산'으로 아데노신에 인산기가 세 개 달린 유기화합물을 말한다. 쉽게 말해 생체활동을 하는 데 필요한 에너지원이다. ADP는 아데노신이인산을 말하며, 아데노신에 인산기가 두 개 달린 것을 말한다. ATP에서 인산기 하나가 떨어져 나가면서 에너지의 변화가 일어나며, 이때 발생한 에너지를 활용해 활동한다.

- 크레아틴 복용 초기에는 1~2kg의 체중 증가가 있을 수 있으나, 이는 지방이 아니라 대부분 근육 내 수분이 증가한 결과다.

'크레아틴과 카페인을 동시에 섭취하면 좋지 않은 영향을 준다.'는 주장처럼 논란이 있는 부분에 대해서는 이 책에서 다루지 않겠다.[21] 관련 내용이 궁금한 분들은 개인적으로 찾아보길 바란다.

'크레아틴'을 섭취하기로 했다면, 신뢰할 수 있는 회사의 제품을 선택하는 것이 좋다. 다시 강조하지만, 크레아틴은 '마법의 보충제'가 아니다. 균형 잡힌 식단과 적절하고 꾸준한 운동이 가장 중요하며, 크레아틴은 이를 보조하는

---

[21] 〈단기간 크레아틴 섭취 후 급성 카페인 섭취가 엘리트 단거리 선수의 등속성 및 무산소성 파워능력에 미치는 영향 - 염동철, 조준용, 이정호 한국체육대학교 체육과학연구소 2016.08 스포츠사이언스 34권1호〉과 같은 자료를 읽어보길 바란다.

역할일 뿐이다.

크레아틴에 이어 이번에는 많은 사람들이 놓치는 훈련의 성과와 훈련 후 회복에 있어 중요한 역할을 하는 탄수화물 보충제에 대해 살펴보겠다. 탄수화물은 단순한 에너지원 그 이상이며, 특히 고강도 운동을 지속하거나 운동 후 회복을 촉진하는 데 도움을 준다.

D. 탄수화물 보충제
1. 강도 높은 운동 시, 인체는 주로 근육과 간에 저장된 '글리코겐'을 에너지원으로 사용한다.
2. 운동 중 최상의 퍼포먼스를 유지하기 위해서는 체내 '글리코겐'의 저장량이 충분히 확보되어야 하며, 이를 위해 평소 적절한 탄수화물 섭취가 중요하다.
3. 운동 직후에는 혈당을 빠르게 회복시킬 수 있도록 GI 지수가 높은 탄수화물을 섭취해도 된다. 단, 대사증후군 (제 2 형 당뇨병, 고지혈증 등) 환자의 경우에는 주의가 필요하다.

4. 평상시에는 GI 지수가 낮은 복합 탄수화물 (예: 현미, 통곡물, 콩류 등)을 중심으로 섭취하는 것이 바람직하다.
5. 대사증후군과 같은 문제가 있는 사람의 경우, 보충제 섭취에 대해 전문가와 상담해 볼 것을 권장한다.
6. 시중에서 저렴한 탄수화물 보충제에 흔히 사용되고 있는 '말토덱스트린'은 GI 지수가 매우 높은 단순 탄수화물이므로, 무분별한 섭취는 혈당 조절에 악영향을 줄 수 있다.

다음은 시중 탄수화물 보충제에서 가장 흔히 사용되는 성분인 '말토덱스트린' 에 대해 보다 자세히 알아보겠다.
'말토덱스트린' 은 많은 보충제에 포함되어 있으며, 그 특성에 대해 정확히 이해할 것을 권한다.

D-1. 말토덱스트린에 대하여

[사례]

 한 대학교 캠퍼스 헬스장. 태영(20세, 대학 신입생)은 탈의실 거울 앞에서 자신의 마른 몸을 바라보며 깊은 한숨을 내쉬었다. 학창 시절 내내 '멸치'라는 별명으로 불려 온 그는, 185cm라는 큰 키에도 불구하고 마른 체형이 늘 불만이었다.

 마른 체형은 그의 자존감을 떨어뜨렸고, 근육질 몸매에 대한 동경은 점점 깊어져 갔다. 최근 친구들이 인스타그램에 올린 바디프로필 사진 속 선명한 근육은 태영의 자존심을 더 크게 자극했다.

 그러던 어느 날, 온라인 쇼핑몰에서 '안드로메다 벌크업 황제'라는 이름의 체중 증가용 보충제를 발견했다. "근육 성장", "체중 증가" 같은 자극적인 문구가 제품 상세 페이지에 큼지막하게 적혀 있었고, 가격도 일반 단백질 보충제보다 약 20% 저렴했다. 게다가 첫 구매 이벤트 할인 쿠폰

까지 적용되어 그는 별다른 고민 없이 결제를 완료했다.

나름 '합리적인 소비'였지만, 구매 결정 과정에는 전문가의 조언은 없었고, 제품에 표시된 성분표조차 살펴보지 않았다.

보충제를 처음 섭취하던 날, 초콜릿 셰이크처럼 달콤하고 부드러운 맛에 그는 감탄했고, 한 모금만으로도 이미 근육질 몸을 손에 넣은 듯한 기대에 부풀었다. 그러나 행복한 환상은 오래가지 못했다.

3개월 후, 그의 몸은 근육이 늘지는 않고, 배만 불룩하게 나온 '거미형 체형'으로 변해 있었다. 거울에 비친 볼록하게 나온 뱃살은 남아 있던 자존감마저 없애 버렸다. 그가 낙담한 채 동아리방에 앉아 있던 어느 날, 동아리 선배인 준호(23세, 체육교육학과)가 그의 이야기를 듣고 쓴소리를 던졌다.

"네가 먹는 건데 성분표라도 읽어 봤어야지. 대부분의 체중 증가용 보충제는 '말토덱스트린' 같은 정제 탄수화물로 구성되어 있어. 그런 탄수화물은 혈당을 급격히 올리기 때문에, 고강도 운동을 하지 않는 사람이 먹으면 그냥 지방만 늘어나."

잔소리였지만, 귀중한 조언이었다. 이후 태영은 준호의 소개로 학교 근처 오래된 헬스장의 관장님과 상담을 받게 되었고, 지금까지의 방법이 얼마나 잘못됐는지를 깨달았다.
관장님의 조언에 따라 그는 추천해 주신 영양학 관련 책들을 빌려 읽기 시작했고, 건강한 몸은 단순히 보충제를 먹는다고 만들어지는 것이 아님을 이해하게 되었다.
그는 곧 깨달았다. 근육 성장은 단순한 보충제 섭취가 아니라, 균형 잡힌 식사와 체계적인 운동, 그리고 개인의 체질과 생활 습관을 고려한 계획적인 접근이 필요하다는 사실을 말이다.

이 사례는 한 사람만의 이야기가 아니다. 많은 사람들이 '쉽고, 빠른 변화'를 원한 나머지 보충제에 과도하게 의존하며 같은 실수를 반복한다. 다음은 '말토덱스트린'에 대한 기본적 내용이다. 알아두고 참고하기를 바란다.

〈말토덱스트린에 대해 알아야 할 것들〉

- 말토덱스트린은 정제된 탄수화물로, 쉽게 말해 '포도당의 다른 형태'라고 생각하면 쉽다.
- 고강도 운동 직후와 같이 체내에 '글리코겐'이 급격히 고갈된 상황에서는 '말토덱스트린'이 빠르게 에너지를 보충하는 데 효과적일 수 있다.
- 건강한 성인의 경우, 체중 1kg당 약 1g 정도의 섭취가 일반적으로 권장된다.
- 그러나 '말토덱스트린'은 혈당을 급격히 상승시키는 고(高)[22] GI 지수 식품이기 때문에, 당뇨병이나 대사증후군이 있는 사람에게는 권장되지 않는다.
- 일상적인 식사 대용으로 '말토덱스트린'을 사용하는 것은 바람직하지 않으며, 장기적으로는 체지방 증가와

---

[22] GI 지수, Glycemic Index, 당질을 함유한 식품을 섭취 후 당질의 흡수속도를 반영해 당질의 질을 비교할 수 있도록 수치화한 값. 출처: 대한당뇨병학회

대사 이상을 유발할 수 있다. 대체할 수 있는 식품으로는 천연 곡물 기반의 탄수화물이 있다.

- 곱게 간 귀리, 보리, 현미 등 복합 탄수화물은 말토덱스트린보다 흡수가 느리고 혈당을 천천히 올리며, 포만감 유지에도 도움이 된다.
- 이러한 곡물은 식이섬유와 미네랄이 풍부해 장 건강과 대사 균형에도 긍정적인 영향을 미친다.
- 실제로 한국에서는 미숫가루라는 전통 곡물 음료 형태로 쉽게 구할 수 있으며, 이는 훌륭한 대체식이 될 수 있다.
- 단, 미숫가루도 당류나 견과류 등이 추가된 제품은 열량이 높을 수 있으므로, 성분을 꼼꼼히 확인하고 적당량을 섭취하는 것이 중요하다.

다음은 기본적 사항 이외에 추가로 많은 논란이 있는 탄수화물 로딩(Carbohydrate Loading)에 대해 간략히 적어 보겠다.

〈탄수화물 로딩(Carbohydrate Loading)에 대한 이해〉

 탄수화물 로딩, 일명 '카보로딩'은 운동 전, 신체의 글리코겐 저장량을 극대화해 경기 중 퍼포먼스를 향상시키기 위한 전략이다. 이는 주로 마라톤, 트라이애슬론, 사이클과 같은 지구력을 필요로 하는 운동 종목에서 활용되며, 최근에는 이종격투기, 보디빌딩 등의 체중 조절이 중요한 종목에서도 활용되고 있다.

 탄수화물 로딩의 기본 목적은, 경기 전 '근육'과 '간'에 최대한 많은 '글리코겐'을 저장해 경기 중 지속적인 에너지 공급을 가능하게 하는데 있다. 단, 그 효과와 방식은 개인의 체질, 식습관, 운동 방식에 따라 매우 다르게 나타나며, 이로 인해 무분별한 적용은 피해야 한다. 자세한 방법은 각 운동 종목과 상황에 따라 다르며, 선수 개인의 영향을 많이 받는다.

이 책에서는 기본적인 내용을 설명하겠다.

〈전통적 탄수화물 로딩 방법(2단계)〉

1단계: 탄수화물 고갈 단계 (경기 6~7일 전)
- 탄수화물 섭취량을 하루 총 섭취 칼로리의 10~15% 수준으로 줄인다.
- 동시에 고강도 운동을 통해 체내 글리코겐 저장량을 감소시킨다.
- 이 과정은 체내에 글리코겐을 강제로 사용해 이후 글리코겐의 흡수 및 저장 능력을 증가시키는 것이 목적이다.

2단계: 로딩 단계 (경기 2~3일 전)
- 하루 총 섭취 칼로리 중 탄수화물의 비율을 60~70%까지 증가시킨다.
- 체중 1kg당 약 7~10g의 탄수화물 섭취가 권장되며, 이는 개인차가 크며, 신체의 컨디션 및 상황에 맞춰 조절이 필요하다.

- 이 시기에는 운동 강도를 낮추거나 휴식을 통해 글리코겐 저장을 최대로 유도한다.

전통적인 탄수화물 로딩 방법은 효과적일 수 있지만, 일반인에게는 실천하기 어렵고, 부담이 클 수 있다. 그래서 일반인도 할 수 있는 비교적 간편하면서도 실용적인 방법을 아래에 제시한다.

〈간단한 탄수화물 로딩 접근법〉

- 경기 1~2일 전, 고탄수화물 식단으로 바꾼다.
- 주로 복합 탄수화물(현미, 통곡물, 감자, 과일 등)을 중심으로 구성하며, 개인의 소화 능력과 경기 특성에 따라 조정한다.

이 방법은 초보자나 생활 체육인을 위한 현실적인 접근 방식이다. 더 자세한 내용에 대해 궁금한 사람은 전문가와 상담해 볼 것을 권한다. 다음은 탄수화물 로딩에 대한 공통적인 주의사항과 부작용에 대한 설명이다. 참고하길 바란다.

〈주의 사항 및 부작용〉

- 탄수화물 로딩은 개인차가 매우 크며, 선수의 체질, 소화 능력, 혈당 반응 등을 면밀히 고려해야 한다.
- 무리한 탄수화물 섭취는 소화불량, 복부 팽만, 혈당 변동, 일시적인 체중 증가를 유발할 수 있다.
- 탄수화물 로딩의 효과를 최대화하기 위해서는 충분한 수분 섭취가 병행되어야 한다.
- 일부 사람은 체내 [23]수분저류 현상으로 인해 경기 당일 오히려 몸이 무거워지거나 둔해지는 느낌을 받을 수 있다.

---

[23] 선수들 사이에서는 수분이 찼다. 또는 부종이라 말한다. 수분 저류(water retentio)는 탄수화물 로딩과 서로 밀접한 관련이 있다. 탄수화물 로딩은 탄수화물을 섭취해 체내 글리코겐을 충전하는 과정인데, 이때 글리코겐은 1그램당

- 특히 인슐린 저항성이 있거나 대사증후군과 같은 지병이 있어 건강이 좋지 않은 경우에는, 부작용 위험이 더 높아질 수 있으므로 전문가의 지도하에 진행해야 한다.

탄수화물 로딩은 경기력을 높이기 위한 유용한 전략이 될 수 있지만, 무리해서 따라하는 것은 좋지 않다. 자신의 신체 상태, 운동 목표, 종목 특성을 고려해 영양 전문가 또는 트레이너, 전문의와 상담한 후 시행해야 하며, 무엇보다 중요한 것은 '꾸준한 훈련과 좋은 식습관을 유지하는 것'이란 점을 잊지 말아야 한다.

약 3그램의 수분을 함께 저장한다고 알려져 있다. 따라서 로딩을 하면 체내 수분량이 일시적으로 증가하면서 체중이 늘어나는 현상이 나타난다. 이 수분은 운동 전 신체에 물이 많은 상태를 유지하며, 운동 후에는 다시 배출된다. 피부가 근육에 밀착한 정도가 시합의 승패를 좌우하는 보디빌딩 경기에서는 치명적인 현상으로 받아 들여진다.

다음은 좋은 지방에 대한 설명이다.

E. 좋은 지방

- 기본적인 내용은 이 책의 '8장'을 참고하길 바란다.
- 건강한 식생활에서 좋은 지방을 섭취하는 것은 매우 중요하다.
- 대표적인 좋은 지방으로는 '오메가-3' 지방산이 있으며, 이는 신체의 기능 유지와 질병 예방에 도움을 준다고 알려져 있다.
- 단, 평소 고등어, 꽁치, 정어리와 같은 '등 푸른 생선'을 주기적으로 섭취하고 있다면, 이미 충분히 '오메가-3'를 섭취하고 있는 셈이므로 굳이 영양제를 추가로 복용할 필요는 없다.

주변에 '오메가-3'의 중요성을 지나치게 강조하며, 영양제를 반드시 복용해야 한다고 권유하는 사람들이 있을 수 있다. 불필요 한 논쟁은 피하는 것이 좋지만, 만약 피할 수 없다면 상대보다 더 폭 넓은 지식을 바탕으로 침착하고, 유쾌하게 대화를 이끌어 가는 것도 하나의 방법이 될 수 있다. 이를 위해 다음과 같은 기본 정보를 알아두면 도움이 된다.

E-1. 오메가3에 대하여

오메가 3는 인체에 반드시 필요한 필수 지방산의 한 종류다. 주로 'EPA'(에이코사펜타엔산) 와 'DHA' (도코사헥사엔산)로 구성되어 있으며, 아래와 같은 건강상의 이점이 있다고 알려져 있다.

1. 심혈관 건강 개선
    a. 나쁜 콜레스테롤(LDL) 수치 감소
    b. 혈전 형성 억제
    c. 혈압 조절에 도움

2. 뇌 기능 향상

a. 인지 능력 개선
   b. 기억력 향상
   c. 우울증 및 불안 증상 완화에 기여

3. 염증 감소
   a. 만성 염증 억제
   b. 관절 통증 완화 및 관절 건강 유지
   c. 자가면역질환 증상 완화

4. 눈 건강 유지
   a. 망막 기능 보호
   b. 노년기 시력 저하 예방

 이처럼 '오메가-3'는 매우 유익한 영양소지만, 영양제 형태로 무조건 많이 섭취해야 하는 것은 아니다. 현대인의 식생활에서는 대부분 음식을 통해 오메가-3를 충분하게 섭취하고 있다. 특히 등푸른 생선은 오메가-3의 훌륭한 공급원으로서, 일주일에 1~2회 생선 섭취만으로도 대부분의 사람은 별도의 영양제를 복용하지 않아도 된다. 단, 다음과 같은 경우 전문가와의 상담 후 영양제 섭취를 고려할 수 있다.

- 생선을 거의 섭취하지 않는 사람
- 완전한 채식주의자
- 고령자
- 특정 질병으로 건강상 문제가 있는 경우

위에 해당할 때도 영양제의 형태로 오메가-3를 섭취하는 것 보다, 정기검진을 통한 꾸준한 관리와 의학적인 치료를 통해 얻을 수 있는 이점이 훨씬 더 많다.

지금까지의 내용을 읽고 난 뒤, 넘치는 열정에 휩싸여 단기간에 근육질의 몸을 만들겠다는 결심으로, 크레아틴을 비롯한 운동 보조제나 각종 건강기능식품을 챙겨 먹기로 마음먹었다면, 그 결심을 실행에 옮기기 전, 아래의 내용을 다시 한번 읽고, 신중히 생각해 보길 바란다.

1. 대부분의 사람들이 느끼는 [24]웨이트 트레이닝에서의 정체기는 훈련량과 휴식, 영양 공급이 잘못되어 생기는 경우가 많다.
2. 크레아틴 또는 건강보조제를 먹는다고 회복이 극적으로 빨라 지지 않는다.
3. 일주일에 2~3 번 이상 소고기나 돼지고기를 섭취한다면, 체내에 필요한 영양소는 이미 충분하다.
4. 피로감을 자주 느낀다면, 보충제를 찾기보다 수면 시간을 늘리는 것이 먼저다. 회복과 성장의 핵심은 숙면이라는 사실을 잊지 마라.

 어렵지 않은 일을 어렵게 만들지 않기를 바란다. 건강한 음식을 잘 먹고, 충분히 쉬고, 체계적으로 훈련하는 것. 그 기본적인 원칙을 지키는 것만으로도 당신이 원하는 몸과 건강을 충분히 만들어낼 수 있다. 이 단순하고 명확한

---

[24] 운동에서의 정체기는 실력이나 신체의 능력이 훈련을 하고 있음에도 좋아지지 않는 경우를 말한다.

진실을, 실행으로 옮기길 바란다.

쉽다. 그냥 하면 된다.

10장.
조금의 관심과 노력도 없이 좋은 결과를 얻고자 하는 사람들에게

"대개 행복하게 사는 사람은 노력하는 사람이다. 게으름뱅이가 행복하게 사는 것을 보았는가. 노력의 결과로써 얻는 성과 없이는 참된 행복을 누릴 수 없다. 수확의 기쁨은 흘린 땀에 정비례한다." -윌리엄 블레이크

자신의 건강과 몸에 대한 '아주 작은 관심'과 '노력'도 없이 '좋은 몸'과 '건강'을 얻을 수 있는 방법은 없다.
이 장은 이렇게 마친다.

11장.
드디어 운동할 결심이 생겼다면.

"시작이 반이다" - 아리스토텔레스

[사례]

 상국 씨는 25년 동안 무역업체에서 원자재를 수입하는 업무를 담당했다. 아침 7시 출근, 밤 10시 퇴근이 일상이었고, 주말에도 종종 회사에 나갔다. 그의 하루는 늘 보고서와 회의, 그리고 거래처 관리로 바쁘게 지나갔다. 바쁜 그에게 운동은 사치처럼 느껴지는 일이었다. 국내로 입항하는 화물에 문제가 생기거나 국내외 정치적 이슈가 발생하면 제대로 된 식사 시간도 없어 컵라면으로 끼니를 때우며 하루를 버텼다. 최근 그는 매일 출근 전, 은퇴 후 중고차 수출업체를 운영하기 위해 아랍어를 공부하고 있다.
 얼마 전, 그의 상사였던 이 전무(당시 58세)가 과로로 쓰러져 갑작스럽게 세상을 떠났다. 이 전무는 늘 "퇴직하면, 널린 게 시간인데 운동하면서 건강관리 해야지" 라고 자주 말하곤 했다. 그러나 그가 말한 '퇴직'은 영원히 오지 않았다. 장례식장에서 슬픔에 잠긴 유족들의 모습 속에, 상국 씨는 자신의 가족을 겹쳐 보았다.

그날 이후, 그는 자신의 삶의 방식을 바꾸기로 결심했다. 처음에는 단순히 아침에 30분 일찍 일어나 동네 한 바퀴를 걷는 것부터 시작했다. 가벼운 걷기는 점차 빠른 걸음이 되었고, 곧 가벼운 조깅으로 발전했다. 될 수 있으면, 야근을 피하고, 술자리를 줄였다. 일주일에 세 번, 퇴근 후 집 근처 공원에서 스트레칭과 맨몸 운동도 했다. 처음에는 가족들도 이상하게 생각했지만, 그는 개의치 않았다. 점심은 사내 구내식당에서 먹었고, 점심시간이 남으면 십 분 정도 밖에 나가서 가볍게 걸었다. 불필요한 야식도 줄였다. 주말에는 일찍 일어나 아내와 함께 산책했다.

이 같은 사례는 아주 흔한 것도, 드문 이야기도 아니다. 분명한 것은 누구에게나 '변화의 출발점'은 존재한다는 것이다. 만약 당신이 이 책을 읽으며, 운동을 해보기로 마음먹었다면, 그것으로 이 책은 목적을 다한 것이다.

이제, 당신은 운동하는 방법에 대해 궁금할 것이다. 운동을 통해 신체를 발달시키고자 한다면, 단순한 동기만으로는 부족하다. 다음의 원칙을 반드시 기억하길 바란다. 건강하고 지속 가능한 변화를 만들기 위해서는 다음의 '9가지 핵심 원칙'을 이해하고, 이를 실천하려는 노력이 필요하다.

이 책에서는 당신이 실질적인 변화를 만들 수 있도록, '9가지 핵심 원칙'을 '네 가지의 영역'으로 나누어 제시한다. '네 가지의 영역'은 'A. 준비' → 'B. 실행' → 'C. 지식과 자원' → 'D. 윤리적 태도'의 흐름으로 구성되어 있으며, 각 단계는 당신의 현재 상황을 점검하고, 앞으로 무엇을 우선적으로 실천해야 하는지 알려 줄 것이다. 이제 각각의 영역에서 '어떤 것'이 중요한지, 그리고 '어떻게' 적용해야 하는지 말해 보겠다.

A. 준비

1. 건전한 사고방식을 갖는다.

모든 긍정적 변화의 시작은 '건전한 사고방식을 갖는 것'부터 시작한다. '건전한 사고방식'은 '바른 가치관'을 갖는 것이다. '바른 가치관'을 가진 사람이 하는 일은 그렇지 못한 사람보다, 성공할 가능성이 더 크다. 스스로를 존중하고, 왜 운동을 하는지, 당신이 원하는 삶이 앞으로 어떤 모습일지 먼저 생각해 보길 바란다.

2. 기본적인 건강 상태를 유지한다.

일상생활을 무리 없이 할 수 있는 '기본적인 건강 상태를 유지하는 것'은 운동을 시작할 수 있는 기준점이 된다. 운동을 시작하기 전 기본적인 '건강 검진'을 받고, 이상이 있다면, 운동을 시작하기 전에 치료해야 한다.

3. 노력 없이는 아무것도 얻을 수 없다는 사실을 받아들인다.

운동에 있어 지름길은 없다. 좋은 결과는 항상 시간과 노력이 쌓인 뒤에 따라온다. 결과에 대한 책임은 자신에게 있다는 점을 인지하고, 그 사실을 받아들인다.

B. 실행

4. 건강하고 효율적인 식습관을 실천한다.

몸에 좋은 음식을 먹고, 효율적인 식습관을 유지하는 것은 '건강한 몸'을 만드는데 있어 중요한 요소다. 단순히 먹는 칼로리를 제한하는 것이 아니라, 단백질, 탄수화물, 지방, 비타민, 미네랄 등 각 영양소가 균형을 이루는 식사를 규칙적으로 먹어야 한다.

5. 체계적이고 과학적인 운동 프로그램을 따른다.

체계적이고 과학적인 운동 프로그램은 어느 정도 사람들에 의해서 검증이 끝난 프로그램이 대부분이다. 비과학적인 방법을 사용하기에는 당신에게 주어진 시간이 길지 않다. 운동 프로그램을 적용하는 것의 목적은 '자신의 목표와 체력 수준에 맞는 프로그램을 찾는 것'이다. 자신에게 맞는 운동 프로그램을 찾기 위해서는 '주기화 (Periodization)', '점진적 과부하', '리커버리(회복)'와 같은 기본적 개념을 이해하고 관련 이론을 자신의 훈련에 맞게 적용하는 것이 필요하다.

6. 경험을 통해 자신에게 맞는 방법을 찾아간다.

모든 사람은 체형, 신진대사, 회복력 등이 다르다. 특정 운동이나 식단이 누군가에게는 효과적일 수 있지만, 당신에게는 효과적이지 않을 수 있다. 어떤 운동 프로그램을 적용해 본다면, 일정 시간 테스트를 거친 다음, 자신에게 맞는지 확인하는 과정을 거치는 것이 좋다. 이를 위해서는 적어도 6개월 이상 '한 가지의 훈련 프로그램'을 꾸준하게 해볼 것을 추천한다. 시행착오를 통해 나에게 맞는 방식을 찾아가는 과정이 중요하다.

C. 지식과 자원

7. 운동과 영양학에 대한 지식을 지속적으로 학습한다.

신뢰할 수 있는 자료와 전문가의 조언 및 그가 저술한 책을 통해 최신 정보를 습득할 것을 추천한다. 유행이나 광고에 휘둘리기 보다는 논리적인 근거에 기반한 정보에 따라 행동해 볼 것을 권장한다.

8. 시간과 자원을 확보한다.

운동에는 '노력'뿐만 아니라 일정한 '시간'과 '자원'이 필요하다. 건강한 식재료를 살 수 있는 '돈'과, 꾸준히 운동을 위해 쓸 수 있는 '시간'이 필요하며, 운동을 할 수 있는 피트니스 센터의 '사용료'도 필요하다. 시간적, 금전적 여유가 있다는 것은 꾸준하게 '운동'을 하기 위해서 중요하다. 그러니 바쁜 일상 속에서도 '운동이 가능한 생활 구조'를 만들 수 있도록 계획하기 바란다.

D. 윤리적 태도

9. 불법 약물 사용을 거부한다.

외적인 변화보다 중요한 것은 건강이다. 운동을 하는 이유는 건강하기 위해서다. '아나볼릭 스테로이드'로 대표 되는 불법약물은, 단기적으로는 몸이 좋아 보일 수 있으나, 신체적, 정신적인 건강을 해칠 수밖에 없으며, 장기적으로 당신의 몸에 회복 불가능한 손상을 입힌다.

불법약물의 사용을 거부하고, 처음의 목표를 잊지 않으

며, 정직한 노력을 통한 꾸준한 발전을 자부심으로 갖기 바란다.

 사람들은 "내일부터 건강한 삶을 살아야지."라고 말한다. 매년 1월이면 피트니스 센터는 북적이고, 한 주의 시작인 월요일에는 운동하겠다는 사람들로 체육관이 붐비지만, 한 주의 끝인 금요일이나 연말에는 매우 한가하다.
 많은 사람들이 극단적인 다이어트나 무리한 운동을 통해 빠른 결과를 얻으려 한다. 그러나 이런 방법은 대부분 실패로 끝난다. 오히려 몸과 마음을 더 지치게 만든다. 100일 만에 당신의 몸이 바뀌는 마법 같은 방법은 없다. 진정한 변화는 꾸준히 노력했을 때, 천천히, 확실하게 찾아온다.
 건강한 생활 습관은 하루아침에 만들어지지 않는다. 건전한 사고방식과 작은 실천들이 반복되고 쌓여야 한다. 처음부터 완벽한 계획과 루틴을 유지할 수 있을 거라고 기대하지 마라. 실패할 수도 있고, 계획이 흐트러질 수도 있으며, 변화가 더디게 느껴질 수도 있다.
 중요한 것은 그럴 때마다 다시 시작하는 용기다. 오늘

운동을 못 했다고 해서 당신의 지금까지의 노력이 물거품이 되는 것은 아니다. 그러니 포기하지 말고 꾸준히 하길 바란다.

 이 '9가지 핵심 원칙'을 지키며, 꾸준하게 나아간다면, 당신은 단지 '좋은 몸'을 넘어, 스스로가 자랑스러운 몸을 만들어낼 수 있을 것이다. 그리고 당신의 삶은 그런 노력들에 응답할 것이다.

12장.
왜 흔들리지 않는 강한 마음 가짐이 필요한가?

"무소의 뿔처럼 혼자서 가라" - 부처

11장에서 제시한 '9가지 핵심 원칙' 중 마지막 원칙은 "불법 약물의 사용을 거부"하는 것이다. 이 장에서는 "왜 당신이 불법 약물을 사용해서는 안 되는지." 설명하고자 한다.

2024년, 보디빌딩은 출전 선수들의 지속적인 불법 약물 사용을 이유로 전국체전 정식 종목에서 제외됐다. 이 결정은 국내 보디빌딩계 전체에 큰 경각심을 주었고, 동시에 불법 약물 사용의 심각성을 다시금 환기시키는 계기가 되었다.

현재 대한민국에서 '단백동화 스테로이드'(또는 '아나볼릭 스테로이드')를 의사의 처방 없이 개인이 사용하는 것은 명백한 불법이다. 이는 단순한 법적 규제를 넘어서, 국민 건강을 지키기 위한 필수적인 보호조치다. '불법 약물' 사용으로 얻을 수 있는 이점보다 그로 인한 건강상의 위험과 부작용이 훨씬 더 크며, 그렇기에 이를 국가가 방치하거나 허용할 수는 없다.

전 세계적으로도 유명한 보디빌더가 단백동화 스테로이드와 같은 불법 약물의 사용으로 인해 젊은 나이에 '사망'한 사례는 셀 수 없이 많다. 이들의 주요 '사망 원인'은 '심장마비'로 대표되는 '심혈관 질환'이며, 이외에도 '간 기능 손상', '신장의 기능 저하', '내분비계 이상 및 면역 체계 약화'와 같은 부작용 때문이다. 더욱이, 비위생적인 방법으로 주사기를 사용하는 경우, 빈번하게 일어나는 약물 남용, 정체 모를 약물을 혼합해 주사하는 행위는 심각한 '감염'과 '약물 오남용'으로 인한 위험을 높인다.

최근 우려되는 점은 일반인들 사이에서도 불법 약물의 사용이 증가하고 있다는 것이다. 회복력을 향상시키거나, 근육 증가 또는 체지방 감량을 목적으로 일부 비양심적인 트레이너나 코치들이 일반인에게 불법 약물을 '권유'하거나 '판매'하는 사례가 늘고 있다. 건강하고 남들보다 좀 더 좋은 몸을 얻고자 운동하는 일반인들은 스테로이드로 대표되는 불법 약물의 종류와 그 부작용 및 위험성에 대해 잘 알지 못한다. 대부분 SNS나 온라인 커뮤니티를 통해 알려진 '거짓된 과대광고'를 보고 불법 약물 사용이라는 위험한 선택을 하게 된다.

가장 큰 문제는 일반인들의 '몸이 좋아지고 싶은 마음'을 악용해 순진한 사람들에게 거짓된 환상과 정보를 심어주고 불법 약물을 권유하거나 판매하는 사람들이다. 이 같은 부도덕한 사람들로부터 자신을 지키기 위해 서는 스스로 정확한 지식을 갖추고, 불법약물에 대해 경각심을 가지는 것이 무엇보다 중요하다.

불법 약물의 유혹에 넘어가지 않으려면 다음의 기본적인 내용을 기억하기를 바란다. 아래는 보디빌딩 및 기타 운동 종목에서 경기력 향상 목적으로 사용되는 대표적인 불법 약물 목록이다. 이 약물들의 사용법과 자세한 작용 기전(원리)은 악용될 소지가 있어 이 책에서 설명하지 않는다. [25]다음의 이름을 듣거나 사용을 권유 받으면, 고민 없이 거절하기를 바란다.

- 테스토스테론
  남성 호르몬으로, 근육 성장과 남성성 유지에 관여한다. 외부에서 주사나 패치 형태로 투여 시 호르몬 불균형과 부작용이 발생할 수 있다.

- 항에스트로겐제
  에스트로겐(여성 호르몬)을 억제하여 스테로이드 사용 시 나타나는 여성형 유방 등을 막기 위해 사용된다. 내분비계 이상과 호르몬 균형 문제를 유발할 수 있다.

---

[25] 심지어 일부 코치들은 자신의 회원, 제자들에게 어떤 약물인지 알려주지 않고, 사용을 권하거나 판매하는 자들도 있다. 잘 모르는 것은 받지도, 쓰지도, 먹지도 않기를 바란다.

- 단백동화 스테로이드 (Anabolic Steroids)
  체내 단백질 합성을 촉진해 근육을 빠르게 증가시키는 약물이다. 심혈관계 질환, 간 손상, 성 기능 저하 등 심각한 부작용이 있다.

- 성장호르몬
  성장과 세포 재생을 촉진하는 호르몬으로, 근육 증가와 노화 방지를 위해 오남용 된다. 관절 통증, 장기의 손상 등의 부작용이 있을 수 있다.

- 인슐린 및 유사 호르몬
  혈당 조절을 위해 사용하는 호르몬이나, 근육세포의 영양 흡수를 높이기 위해 남용되고 있다. 저혈당 쇼크로 인한 사망을 불러올 수 있다.

- 펩타이드 호르몬, 프로호르몬
  근육 성장과 회복을 촉진하는 활성 단백질이다.
  검증되지 않은 제품이 대부분이며, 장기적인 실험 및

연구가 진행되지 않아 신체에 미치는 영향을 정확히 알 수 없다.

- 갑상선 호르몬 (T3, T4 등)
  기본적인 신체의 대사작용을 빠르게 만들어 체중 감소를 유도하는 데 사용된다. 심장에 부담을 주며, 근손실, 호르몬 교란으로 인한 부작용이 있다.

- DNP (디나이트로페놀)
  강력한 체지방 연소제로 불법 다이어트 약물로 사용된다. 체온 상승, 장기 손상, 사망에 이를 수 있는 매우 위험한 물질이다. 실제 몇몇 보디빌더를 사망에 이르게 한 것으로 유명하다.

- 클렌부테롤 (Clenbuterol)

    베타-2 작용제로 지방 연소와 근육 유지 효과가 있다. [26]심계항진, 근육 떨림, 고혈압 등의 부작용이 있다.

- EPO (에리스로포이에틴)

    적혈구 생성을 촉진해 지구력을 증가시키는 약물이다. 적혈구의 증가로 혈액의 농도가 높아져 혈전이 생길 수 있으며, 이로 인한 심장 질환의 위험이 있다.

- 에페드린 (Ephedrine)

    중추신경계를 자극해 체중 감소와 집중력을 높인다. 심장박동 증가, 불면, 중독성 등의 위험이 있다.

- 흥분제 (암페타민 등)

    쉽게 말해 마약이다. 집중력과 운동 수행 능력 향상을

---

[26] 심계항진은 심장이 뛰는 것이 느껴져 불쾌함이 느껴지는 증상이다.

위해 사용되나, 중독성과 정신적 부작용이 크다. 장기
사용 시 뇌 기능 저하 및 정신질환 유발 가능성 있다.

- 이뇨제
  체내 수분과 전해질을 빠르게 배출해 체중 감소를
  유도한다. 탈수, 전해질 불균형, 심장의 기능 저하와
  같은 위험이 있다.

- 신톨 (Synthol)
  근육처럼 보이도록 피하에 주입하는 기름 성분이다.
  근육이 아닌 외형만 커지며, 감염 및 근육 괴사의
  가능성이 있다.

- SARMs (Selective Androgen Receptor Modulators)
  선택적으로 안드로겐 수용체에 작용해 근육의 성장을
  유도하는 물질을 말한다. 당연하게도 연구가 이루어
  지지 않았으며, 절대 안전하지 않다. 간 독성과
  호르몬 억제로 인한 부작용이 알려져 있다.

- 줄기세포

    의학적 치료의 목적으로 개발되었지만, 일부가 근육 회복과 같은 목적 외에 사용을 지속적으로 시도하고 있다. 안정성과 효과에 대한 과학적 근거가 부족하며, 국가에 따라 법적인 문제가 될 수 있다.

- 기타 약물 및 불법적인 방법

    기타 알려지지 않은 신약, 연구 중인 물질, 불법 시술 등이 포함된다. 당연하게도 신체를 연구용으로 사용하는 것이나 마찬가지다. 그 위험성은 알 수 없다. 그러니 생각 및 시도조차 하지 않기를 바란다.

다음은 위와 같은 약물들을 사용했을 시 나타나는 [27]변화와 영향 들이다.

---

[27] 변화라고 썼지만 부작용이다.

1. 내분비계 시스템의 영향
   a. 테스토스테론 생성 억제
   b. 에스트로겐 수치 증가
   c. 갑상선 호르몬 불균형
   d. 코르티솔 분비 감소
   e. 뇌하수체 및 부신의 기능 저하
   f. 영구적인 내분비계 시스템의 손상
   g. 불임

2. 심혈관계 영향
   a. 혈압상승
   b. 콜레스테롤 수치 변화
   c. 혈전 발생 위험 증가
   d. 심장 근육 비대
   e. 동맥경화 진행
   f. 심근경색 위험 증가
   g. 부정맥 발생 확률 증가

h. 심장 기능 저하

i. 영구적인 심장 손상

3. 간 기능의 영향

a. 간 수치 상승

b. 간 조직 변화

c. 간 기능의 저하

d. 간 섬유화 또는 간경화 발생

e. 대사장애

4. 근골격계 변화

a. 근육량 증가 및 골밀도 감소

b. 근육 및 힘줄의 기능상 불균형 발생

c. 건, 인대 파열 위험 증가

d. 퇴행성 관절염 가속화

5. 정신적 영향

a. 공격성 증가
b. 잦은 기분 변화
c. 불안과 우울 증상
d. 약물 중독
e. 약물 중독에 따른 심리적 불안정
f. 심한 폭력성
g. 강박

스테로이드로 대표되는 불법 약물의 장기 사용은 신체 전반에 걸쳐 심각하고 돌이킬 수 없는 부작용을 가져온다. 일부 증상은 시간이 지나면서 회복될 가능성도 있다. 그러나 대부분 신체에 영구적인 손상을 남기고, 삶의 질을 현저하게 떨어뜨린다.

이 글을 쓰고 있는 지금 이 순간에도, 불법 약물을 사용하면서 주변에 그 사실을 숨기며, 사람들을 기만 하거나, 시합에서 도핑 검사를 피하려는 무의미한 노력을 이어가는 선수들과 인플루언서들이 분명히 존재할 것이다.

이들은 "개인의 자유" 또는 "안전하게 사용하고 있다."라는 주장을 내세워, 여전히 불법적인 행위를 정당화하려 한다. 그러나 우리는 국가라는 공동체 안에서, 법이라는 사회적 약속 아래 살아가는 시민인 점을 잊어서는 안 된다. 그렇기 때문에 불법 행위는 어떤 이유로도 정당화될 수 없으며, '자유'라는 이름 아래 자랑하거나 '미화' 되어서는 안 된다.

더 나아가, 검증되지 않은 '개인 일부의 경험에 근거한 안전성'을 바탕으로 타인에게 위험한 물질을 권유하는 행위는 매우 무책임하며, 타인의 건강을 해칠 수 있는 중대한 잘못임을 명심해야 한다. 우리는 이러한 사람들의 말과 행동에 항상 비판적인 시각과 경계심을 가져야 하는 것이 당연하다. 운동을 하는 것의 본질은 어디까지나 '건강함'에 있다. 그 목적을 잊지 않고, 지속 가능하며, 정직한 방법으로 자신의 몸을 단련해 나가길 바란다.

13장.
보디빌딩, 파워리프팅 그리고 기능성 운동에 대하여

"검은 고양이든 흰 고양이든 쥐만 잘 잡으면 된다."
- 덩샤오핑

오늘날 사회의 다양한 영역에서 화합보다는 분열을 경험하고 있다. 정치적, 개인적 신념의 차이는 물론, 세대·성별·이념 간 갈등이 겹쳐지며, 심지어 MBTI와 같은 비과학적 성격 유형 검사조차 타인과 나를 구분 짓는 기준으로 활용한다.

이러한 분열은 트레이닝 분야에서도 예외가 아니다.

[예시]

"친구가 그러는데, '파워리프팅'이 더 효율적이고, '보디빌딩'은 비효율적이라는데, 그럼 '보디빌딩'이 좋아요? '파워리프팅'이 좋아요? 아니면 '기능성 운동'이 더 좋아요?"

코치로서 현장에서 자주 듣는 질문 중 하나가 바로 위와 같은 '훈련 방법' 사이의 우열을 가리는 질문이다. 특히 '파워리프팅', '보디빌딩', '크로스핏으로 대표되는 기능성 운동'과 같은 다양한 트레이닝 방식의 효율성을 비교하며 "어떤 방식이 더 우수한 가요?"라는 식의 질문을 하는 경우가 많다.

한가지 분명한 것은, 각 훈련법은 지향하는 목표와 철학, 적용 대상이 다르다는 것이다. 서로 다른 목적의 훈련 방식을 비교해 어떤 방법이 더 좋은지 가리려는 시도는, 운동의 본질과는 거리가 멀다. 결국 이런 종류의 질문에는 명확한 답이 있을 수 없다.

내 대답은 "다 좋을 수도 있고, 다 나쁠 수도 있다." 이다. 모호한 질문에는 모호한 답 밖에 할 수 없다.

훈련에 있어 '효율성'은 어떤 사람이 '왜' 운동을 하며,

무슨 '목적'을 가지고 있는가에 따라 완전히 달라진다. 각각의 운동 방법은 고유한 장점을 가지고 있으며, 운동을 할 때는 아래와 같은 요소들을 고려해서 훈련해야 한다.

1. 운동의 목표를 명확하게 설정해야 한다.
2. 운동을 하는 환경(시간, 장소, 장비 등)을 고려해야 한다.
3. 운동하는 사람의 생활 습관과 건강 상태를 고려해야 한다.

이처럼 고려해야 할 요소가 다양한 만큼, 위와 같이 어떤 훈련 방법이 더 '좋다' 단정 짓는 것은 적절하지 않다. 오히려 개인에게 가장 알맞은 방법을 찾는 것이 중요하다.

'파워리프팅'은 근력 향상에, '보디빌딩'은 근비대와 체형 개선에, '기능성 운동'은 신체 기능의 향상에 각각 초점을 맞추고 있다. 따라서 각 개인의 '목표', '신체 조건', '생활 패턴' 등을 종합적으로 고려해 가장 적합한 운동 방법을 선택하는 것이 바람직하다.

만약 당신이 육체의 심미적인 아름다움을 추구하고, 집

또는 회사 주변에 최신식 기구가 갖춰진 피트니스 센터가 있으며, 회원권 비용을 지불할 수 있는 금전적 여유와 운동을 할 수 있는 시간이 있다면 '보디빌딩식 훈련법'으로 훈련하는 게 가장 효율적이며, 가성비 넘치는 훈련 방법일 것이다.

또한 당신의 목표가 자신의 체중 대비 최대의 힘을 기르는 것이라면, '파워리프팅 훈련'을 하는 것이 효율적일 것이다. 만약 당신이 특수부대원 또는 소방관, 경찰관이라면 당연히 크로스핏으로 대표되는 '기능성 운동'이 효과적일 것이다. 이미 앞서 언급했듯, 현대인이 겪는 신체적 문제의 대부분은 다음 세 가지 원인에서 비롯된다.

1. 일상생활에서 극히 적은 신체 활동량
2. 무절제한 식습관
3. 지속적인 피로와 스트레스를 동반한 생활 패턴

따라서 자신이 해야 할 운동의 종류를 고민하는 것도 좋지만, 평소 생활 습관과 주변 환경을 점검하는 것이 더

합리적일 것이다. 충분히 알아보고 하나의 운동을 선택했다면, 그 운동을 다치지 않고, 꾸준히 규칙적으로 하는 것이 무엇보다 중요하다. 정답은 어떤 운동을 하는가에 있는 것이 아니라, 그 운동 방법을 자신에게 맞게 적용 하고, 지속하는 노력에 있다.

제3부. 실천

14장.
앞으로 해야 할 것은 바로 이것이다.

"전술 없는 전략으로는 승리를 거둘 수 없고, 전략 없는 전술은 패배를 앞둔 소란스러움이다." - 손자

이제 당신은 운동을 시작하기에 충분한 기본 지식을 갖췄다. 이 책을 여기까지 읽었다는 것은, 당신의 마음 속에 운동을 지속할 의지와 끈기가 있다는 강력한 증거다.

운동은 누구도 대신해 줄 수 없다. 오직 자신이 직접 몸을 움직여야 한다. 몇 년이 지나도 운동은 여전히 귀찮고, 때로는 힘들고, 심리적으로 부담스러운 일일 것이다. 그러나 단 한가지 확실한 사실은, 운동은 당신의 삶을 긍정적으로 바꿀 것이며, 삶이 긍정적으로 바뀌는 경험은 분명 가치 있는 일이라는 점이다.

인생에 있어 좋은 것을 알아볼 수 있고, 행동할 수 있는 당신은 반드시 운동을 하게 될 것이며, 충분히 성공적으로

해낼 수 있을 것이다. 당신의 긴 여정의 시작을 응원하는 마음으로, 이제 다음과 같은 기본적인 실천 사항을 제시한다.

이 사항들은 매우 현실적이며, 지금부터 그대로 따라 하면 된다.

1. 최소 2주 동안 '충분히 자는 연습'을 한다. 양질의 수면은 모든 건강과 운동의 출발점이다. 아래의 원칙을 반드시 따르도록 한다.

- 지금의 당신은 체력도 부족하고, 늘 피곤할 것이다.

- 수면이 부족한 상태라면, 운동보다 먼저 충분히 잠을 자는 것이 몸에 더 필요하고, 이롭다.

- '충분히'란 사람마다 다르지만, 일반적으로 성인에게는 하루 7~8시간의 숙면이 권장된다.

- 하루 2~3시간만 자도 괜찮다는 사람은 대개 두 부류다.

  a. 낮에도 비몽사몽하며 지내거나, 피곤할 때 몰아서 자는 사람.

  b. 아니면, 거짓말을 하고 있는 사람이다.

- 선천적으로 짧은 수면 시간을 유지하면서 회복이 가능한 사람들이 있다. 그러나 대부분의 사람은 그렇지 않다. 이 책을 읽는 당신은 평범한 사람일 가능성이 크며, 그러니 최소 7시간 이상 자도록 노력하길 바란다.

- 잠은 자정 이전에 자는 것이 가장 좋다고 알려져 있다. 새벽 2~3시에 잠들어도 건강하다는 사람도 있으나, 이는 극히 드문 경우다. 대부분의 건강한 사람은 일찍 자고 일찍 일어나는 습관을 갖고 있다.

덧붙이자면, 위에서 말한 "충분히 자는 것"이란 상대적인 개념이다. 쉽게 말해, 당신의 컨디션이 회복됐다고 느낄 때까지 자는 것이 가장 바람직하다. 그러니 충분히 자도록 노력하자.

현대인은 "항상 피곤하다."고 말하면서도 술자리에 밤새 앉아 있는 일에 시간을 쏟으며, '피곤함'을 무시한다. '놀지 말고, 자라!' 잠을 자는 것은 어렵고, 복잡한 일이 아니다. 조용한 곳에서 누워 눈을 감으면 된다. 평범한 사람이라면 누구나 할 수 있다. 바로 시작하자.

2. 잠을 충분히 잤다면, 가까운 병원이나 보건소에서 '건강검진'을 받도록 한다. 운동을 시작하기 전에 현재 자신의 건강 상태를 파악하는 것은 매우 중요하다.

- 건강해지고 싶다면, 먼저 '내 몸'을 알아야 한다.

- 당신은 생각보다 건강할 수도 있지만, 숨겨진 질병이 있을 가능성도 충분히 있다.

- 모든 질병에는 건강검진을 통한 조기 발견과 예방이 최선이다.

- 누구나 아플 수 있다는 사실을 받아들이고, 크게 두려워하지 말자.

- 만약 아프다면, 포기하지 말고 최선을 다해 치료하라.

잠을 충분히 자고, 건강검진을 통해 현재 자신의 몸 상태를 객관적으로 확인했다면, 이제 기초 체력을 만들고, 활동량을 점차 늘릴 수 있는 준비가 된 것이다.

운동은 무작정 시작하는 것이 아니다. 어느 정도 준비가 된 상태에서 시작해야 지속 가능하고, 부상의 위험도 줄일 수 있다. 가장 간단하면서도 효과적인 첫 시작은 바로 '걷기'다. 다음 단계에서 설명하겠다.

3. 충분히 잠도 자고, 건강 검진을 통해 내 몸에 대해 파악했다면, 다음 단계는 '걷기'다. 한 달 동안, 일주일에 4회

이상, 매번 30분 이상 걷도록 한다.

- 걷기는 평소 운동을 전혀 하지 않던 몸을 가장 안정적인 방법으로 부담 없이 회복시킬 수 있는 방법이다.

- 실제로 대부분의 사람들은 자신이 생각하는 것만큼 충분히 걷고 있지 않다.

- '출퇴근이나 집안일과 같은 일상생활에서 충분히 걷고 있다'고 말하는 사람들이 대부분이다. 그것으로 부족하다. 정말 잘 걷고, 충분히 움직였다면, 당신의 몸이 지금과 같지는 않을 것이다.

- 주 4회, 30분씩 걷는 일은 귀찮고 번거로운 일이다. 그러나 귀찮지만, 매우 효과적인 방법이다.

- 자신의 체력이 충분하다고 판단해 이 단계를 생략하고 넘어 가려는 사람도 있을 것이다. 당신의 판단에 맡기

겠다. 단, 다음을 명심하기 바란다. '기초를 건너뛰면, 결코 오래 가지 못한다.'

- 만약 당신이 평소 많은 운동을 해 온 사람이라면, 이 글을 보고, 신체를 회복할 수 있는 기회로 삼기 바란다. 운동량을 줄이고, 걷기를 통해 회복을 하면, 몸은 더 좋아질 것이다.

- 걷기는 거의 모든 사람에게 유익한 운동이다.

- 그리고 걸을 수 있다는 것 자체에 감사하길 바란다. 세상에는 걷고 싶어도 걷지 못하는 사람이 많다. 그러니 걸을 수 있을 때 걸어라.

덧붙이자면, 이 글을 읽고 있는 당신이 신체적인 제약으로 인해 '걷기' 어렵다면, 움직일 수 있는 신체 부위를 활용해 운동할 수 있는 방법을 전문가와 상담하길 바란다. 우리의 몸은 생각보다 훨씬 강하다. 그리고 쉽게 무너지지 않는다. 그러니 포기하지 말라. 걷기를 통해 규칙적으로 몸을 움직이는 습관을 들였다면, 이제는 당신이 먹는 음식에 주목할 차례다.

운동의 효과는 '무엇을, 언제, 어떻게 먹는가?'에 따라 달라진다. 충분한 수면, 건강상태 점검, 기본적인 걷기를 잘 했다면, 이제 좋은 식사 습관을 기르는 것이 다음 단계다. 지금부터는 꾸준한 체력 향상과 건강한 몸을 유지하는 데 반드시 필요한 식습관에 대해 설명하겠다.

4. 마지막 단계는 '식습관의 개선'이다. 규칙적이고, 제대로 된 식사를 최소 6개월간 유지해야 한다.

- 대부분의 사람은 규칙적으로 '하루 세 끼' 제대로 된 음식으로 챙겨 먹지 않는다.

- '규칙적인 식사'란 다음을 의미한다.

a. 출근 전, 아침에 균형 잡힌 영양소로 구성된 음식을 적당한 칼로리로 섭취할 것
b. 점심 식사 또한 균형 잡힌 영양소로 구성된 음식을 적당한 칼로리로 섭취할 것
c. 저녁 식사는 저칼로리의 식이섬유가 풍부한 식재료로 만들어진 양질의 식사를 주 4 회 이상 할 것

많은 사람들이 아침은 거르고, 부족한 식사량을 채우기 위해 밤늦게 고칼로리 음식을 먹는 것을 반복한다. 이는 잘못된 습관이니, 빨리 바꾸길 권한다.

- 술 역시 건강을 해치는 요소다. '절주' 또는 '금주'가 필요하다. 둘 다 어렵다면, 전문가를 통한 상담이나 치료가 필요함을 인정하고, 치료받기를 바란다.

- 당신이 알고 있는 대부분의 '영양 지식'은 불완전하거나 잘못된 정보일 가능성이 높다.

- 당신이 만약 정확한 영양 지식을 갖고 있다고 해도, 몸이 좋지 않다면, 그 지식을 실천하지 못하고 있는 것이다. 그럴 경우, 당신이 사용한 방법과 지식에 대해 고민해 보는 것이 맞다.

- 위의 기본적인 식습관조차 지키지 못하면서, 탄수화물을 극단적으로 제한하거나, 특정 음식만 먹는 다이어트를 시도하는 것은 어리석은 일이다. 꽤 오랜 시간 동안 다양한 사람들을 지도해 본 결과, 원칙을 무시한 방법을 쓰는 사람들은 대부분 좋은 몸을 갖는데 실패했다.

- 예를 들어, '흰 쌀밥'이 혈당을 급격히 올린다며, 먹지 않는 사람이, 유기농 통곡물로 만든 고칼로리의 빵을 매일 먹는다. 대부분 이런 식이다. 전형적인 오류다.

- 대부분의 음식은 '문제'가 없다. 문제는 오랜 시간 동안 입맛에 맞는 음식만을 먹으며, 규칙적인 식사를 하지 않고, 몸을 거의 움직이지 않았다는 것이다.

 식재료와 음식에는 죄가 없다. 자연 방사한 닭이 낳은 달걀이나 천연 아보카도 오일을 먹어야만 건강해질 수 있는 것은 아니다. 샐러드와 물이 치킨과 맥주보다 건강한 음식이라는 것은 누구나 알고 있다. 이 정도의 가치 판단만으로도 충분하다. 식이요법을 어렵게 만들지 않기를 바란다. 이 책에 담긴 내용만으로도 이미 당신이 몸을 만드는데 필요한 지식은 충분하다. '지금, 당장 해야 한다.' 생각만 하며, 아무것도 안하고 누워만 있지 않기를 바란다. 이제는 행동이 필요할 때다. 꾸준하게, 잘 '자고', '걷고', '건강한 음식을 먹는 일' 부터 시작하라. 이 단순한 행동들이 쌓여 당신의 몸과 삶을 변화시킬 것이다.

 앞서 소개한 네 가지 실천 과제들을 다시 정리해 보겠다. 이는 본격적으로 운동을 시작하기 전에 반드시 거쳐야 할 가장 기본적이고 중요한 단계들이다.

- 최소 2주 동안 '충분히 자는 연습'을 한다.
- 충분히 잘 잤다면, 가까운 병원이나 보건소를 방문해 간단한 건강검진을 받는다.
- 검진 결과 큰 이상이 없다면, 한 달간 주 4회, 30분씩 걷도록 한다.
- 마지막으로, 6개월 이상 좋은 식습관을 유지한다.

당신이 '네 가지'를 모두 실천했다면, 진심으로 축하한다는 말을 전한다. 이제 당신은 진정한 의미에서 '본격적인 운동을 시작'할 준비가 되었다.

물론 현실은 쉽지 않을 것이다. 대부분의 사람들, 정확히 말하면 99%의 사람들은 이 단순한 행동조차 실천하지 않는다. 이 책은 실천하지 않는 99%를 위한 책이 아니다. 행동하는 1%를 위한 것이다. 자신의 삶을 더 나은 방향으로 바꾸기 위해, 원칙을 따르고, 실천하려는 의지를 가진 사람을 위한 책이다. 물론, 1%의 사람들조차 위의 내용을 실천하다 보면 인내심의 한계를 느끼게 될 것이다. 많은 유혹과 불편함, 느린 변화에 대한 불안이 계속 당신을 테스트할 것이다. 안타깝지만, 인간의 인내심은 언제나 조금씩 부족하다. 그리고 삶에 있어 '대부분의 가치 있는 일은 단순하고, 지루하고, 재미없으며, 쉽지 않다.'

변화는 단번에 드러나지 않는다. 인내와 노력이 쌓이며, 서서히 나타나는 것이 진짜 변화다. '개인적인 흔들림'에 더해, 운동을 시작하면 예상치 못한 또 다른 방해 요소가 생긴다. 바로 주변에 나타나는 훼방꾼과 잔소리꾼들이다. 그들은 다음과 같은 말을 하며 당신의 의지를 시험대에 오르게 할 것이다.

"살은 빨리 빼야 해."
"걷기는 운동도 아니야."
"그렇게 운동하면 다쳐."
"운동은 항상 죽을 만큼 힘들어야 해."
"흰 쌀밥은 절대 먹으면 안 돼."
"다이어트는 굶는 게 최고야."

이처럼, 근거 없는 조언을 아무렇지 않게 내뱉는 사람들에게는 몇 가지 공통점이 있다.

- 대부분 전문가가 아니다.
- 운동을 꾸준하게 해 본 경험이 거의 없다.
- 건강한 삶에 대한 명확한 가치관이 없다.
- 자신이 잘 알고 있다고 착각하지만, 실제로는 단편적인 정보를 얕게 아는 수준이다.

그들의 말에 신경 쓰지 않기를 바란다. 당신에게 필요한 것은 규칙을 따르고, 묵묵히 행동하며, 고생하는 당신에게 응원을 통해 '힘을 줄 수 있는 말' 이다.

"대단해"
"그래, 잘하고 있어. 계속해 봐."
"쉽지 않겠지만, 그만큼 가치 있는 일이야."
"전보다 훨씬 좋아 보인다."
"쉽지 않은 일인데, 멋지다."

이런 긍정적이며, 당신의 행동을 지지하는 '말'을 해주는 사람들이 당신에게 진짜 도움을 주는 사람들이다.

대부분의 사람들은 운동을 결심하자마자 가장 먼저 가까운 헬스장으로 달려가 '수십만 원'의 연간 회원권부터 결제한다. 그리고, 기대감에 부풀어 강철 같은 의지를 품고, 하루 종일 업무에 시달린 지친 몸을 이끌고 헬스장에 간다. 하지만 아무런 준비 없이 시작된 이런 '이벤트성 의지'는 며칠 내에 무너지고, 값비싼 헬스장 회원권은 두세 번 이용한 뒤 기억속에 사라져, 안 쓰는 물건처럼 방치된다. 그래서 이번 장에서 다음과 같이 말하는 것이다.

"운동을 위한 진짜 준비는 돈과 헬스장 회원권이 아니라, 충분한 수면, 자신의 건강 상태에 대한 인지, 꾸준한 걷기, 규칙적이며, 바른 식습관이다."

진짜 시작은, 보여주기 위한 결심과 이벤트성 행동이 아닌, 조용히 이어가는 습관에서 비롯된다는 점을 잊지 않기를 바란다.

[사례]

 진희 씨는 대기업 법무팀에서 일하는 5년차 사내 변호사다. 28세에 로스쿨 졸업 후 변호사 시험에 합격했다. 이후 3년 동안 대형 로펌에서 근무 후 지금의 직장에서 일하고 있다.

 로스쿨에 입학한 뒤로 진희 씨의 삶은 절대 한가하지 않았다. 매우 치열했다. 끊임없는 공부와 많은 업무로 인해 운동을 할 생각조차 없었으며, 일의 특성상 야근이 많아 퇴근 후에는 몰려오는 피로에 지쳐 스마트폰을 보며 배달음식을 시켜 먹고, 소파에서 잠드는 것이 일상이다.

 지금의 직장에 입사 후 5년이 지난 지금 체중은 15kg가 늘었으며, 최근 들어 자주 피로감을 느낀다. 건강을 생각해서 출근길에 로비부터 사무실까지 엘리베이터를 타는 대신 계단을 오르지만, 항상 숨이 차고, 버겁다. 거울을 볼 때마다 변해버린 체형이 신경 쓰였고, 최근에는 마음에 드는 옷을 사는 것도 포기했다. 작년 연말에 받은 건강검진에서는 높은 공복혈당 수치와 약간의 지방간이 발견됐으며,

갑상샘에 작은 혹이 발견되어 조직검사 이후 6개월마다 추적 검사를 받으라는 내용을 의사로부터 들었다.

올해 1월, 새해 결심으로 집 근처 피트니스센터에 1년 회원권을 등록했다. 처음 가보는 헬스장의 낯선 기구들과 운동하는 사람들 사이에서의 어색함 속에서 자신도 모르게 위축되는 것을 느꼈다. 거대한 쇠로 만들어진 운동 기구의 사용법도 제대로 몰랐고, 혼자서는 무엇부터 시작해야 할지 막막했다. 그러던 중 인스타그램에서 등록한 피트니스센터 트레이너의 게시물을 보게 되었다.

트레이너의 계정에는 멋지게 찍은 '바디프로필'과 다양한 회원 지도 영상, 서핑, 클라이밍과 같은 다양한 액티비티를 즐기는 모습, 해외 호텔 수영장에서의 생일 파티 등 눈길을 끄는 화려한 게시물들이 많았다. 팔로워도 2만명이나 됐다. 피드에는 여성들의 다이어트와 체형 교정과 관련된 다양한 홍보 자료와 비키니만 입은 채 과감하게 몸매를 드러낸 회원들의 비포 & 애프터 사진들, 그리고 함께 올라온 생생한 후기 등, 모든 게시물에서 신뢰가 갔다. 고민 끝에 진희 씨는 트레이너에게 PT 상담을 받아 보기로 했다. 상담 과정에서 트레이너는 체계적인 분석과 함께 구체적인 목표와 계획을 제시했다.

"3개월이면 충분히 달라질 수 있어요. 제가 책임지고 도와 드리겠습니다." 라는 말에 설득되어, PT 50회를 400만 원에 결제했다.

첫 PT 수업을 앞두고 진희 씨의 마음은 설렘과 걱정이 교차했다.

'이번에야말로 제대로 된 변화를 만들어낼 수 있을까?'
'적지 않은 금액을 투자한 만큼 끝까지 해낼 수 있을까?'

곧 시작될 PT 수업을 앞두고, 진희 씨는 자신의 선택이 옳았기를 바라며, 수 십만원의 '돌루라임' 운동복과 운동화를 새로 구입했다. 비록 많은 금액을 투자한 것이 마음에 걸리지만, 이번에 야말로 진정한 변화를 이룰 수 있기를 기대하고 있다.

위와 같은 이야기는 우리 주변에서 흔히 찾아볼 수 있다.

안타깝지만, 위와 같이 행동한다면, 원하는 결과를 얻지 못할 확률이 매우 크다. 단지 돈과 시간을 들인다고 해서 해결될 수 있는 문제가 아니기 때문이다.

많은 사람들이 오랫동안 자신의 건강과 체력 관리를 뒷전으로 미룬 채 살아간다. 오랜 시간 '방치된 몸'은 이미 기능을 상실한 상태이며, 그런 '몸'에게 낯선 환경과 수백 명의 사람들 틈에서 갑자기 제대로 움직이며, '운동'할 것을 기대하는 것은 무리다.

평소 운동을 하지 않던 '몸'은 쉽게 지친다. 몸이 지치면 생각과 마음은 조급해지고, 의지는 약해진다.

'운동을 잘못하면 어쩌지?' '다치면 어떡하지?'와 같은 걱정 속에 결국, 운동을 시작한지 한 달도 채 되지 않아 포기하거나, 더 큰 돈을 들여 퍼스널 트레이닝(PT)을 받는다.

대부분의 사람들은 실패할 수밖에 없는 방법을 선택하고, 반복해서 실패한다. 당신이 가진 운동에 대한 접근 방법과 가치관이 잘못된 이상 당신은 실패할 수밖에 없다.

"당신은, 소비자의 돈을 쓰게 하려고 수십 년 동안

발달한 피트니스 산업의 덫에 빠져버린다."

"당신의 돈을 쓰게 하려고 수백 년 동안 발달한 식품 산업의 덫에 한번 더 빠져버린다."

충분히 알아보지 않고, 단지 겉보기에 그럴싸한 평판이나 단편적인 몇 가지 정보에 의존해 판단한 결과, 잘못된 선택을 반복한다. '다들 비슷하니까.'라는 자조 섞인 위안과 함께 다같이 실패의 과정을 겪고, 합리화한다.

앞서 설명한 정보와 원칙을 알지 못한 채로 무턱대고 운동부터 하면 실패할 수밖에 없다.

"당신의 몸은 노동으로 지쳐 있고, 오랜 시간 동안 '가공식품'과 '고칼로리' 음식에 상처를 받은 상태다. 수면은 늘 부족 하고, 자극적인 외부 환경을 버티기 위해 카페인을 통해 겨우 깨어 있는 몸으로는 본격적인 운동을 감당할 수 없다."

그런 몸이 만들어내는 생각은, 결국 "언제나 운동을 하기 싫다."와 같은 '생각'이다. 하기 싫다는 생각으로는 운동을 시작조차 할 수 없으며, 결국 당신이 원하는 몸도, 건강도 얻을 수 없다. 뿐만 아니라 잠재된 발전 가능성마저 스스로 없애 버린다.

"다시 한번 더 강조하겠다."

- 최소 2주 동안 '충분히 자는 연습'을 한다.
- 충분히 잘 잤다면, 가까운 병원이나 보건소를 방문해 간단한 건강검진을 받는다.
- 검진 결과 큰 이상이 없다면, 한 달간 주 4회, 30분씩 걷도록 한다.
- 마지막으로, 6개월 이상 좋은 식습관을 유지한다.

위 방법이 시간이 오래 걸리는 것 같아도 결국, 가장 빠르고 확실한 길이다. 이제 "걷기" 위해 밖으로 나가라.

15장.
걷기가 운동이 아니라고 말하는 사람들에 대하여

"최고의 약은 바로 걷는 것이다." - 히포크라테스

 사람들은 당연한 것에 대해 가볍게 생각한다. 이 글을 읽고 있는 당신은 당연히 숨을 쉴 수 있고, 물을 마실 수 있으며, 걸을 수 있을 것이다.

 어떤 사람은 병에 걸려, 숨을 쉬는 것조차 힘들 수 있으며, 깨끗한 물이 부족한 지역에서 태어난 사람은 평생을 이질, 콜레라, 장티푸스 같은 전염병을 걱정하며, 살아갈 것이다. 우리에게 당연한 일들이 누군가에게는 당연하지 않을 수 있다.

 많은 사람들의 걷기에 대한 생각이 그렇다. 걷는 것은 당연한 일이고, 쉬운 일이며, 그래서 진지하게 생각해 보지 않는다. 대부분의 사람들은 걷기에 대해 이처럼 생각하고,

말한다.

"걷기가 무슨 운동이 될까?"

이는 걷기에 대해 아주 '작은 생각'조차 하지 않는 사람들의 의견일 뿐이다. 만약, 당신이 '2시간 30분' 동안 쉬지 않고 걸을 수 있다면, '10km' 정도 이동할 수 있다. 당신이 매일 '20km'씩 '40일'을 걸을 수 있다면, 약 800km의 산티아고 순례길을 완주할 수 있다.

어느 정도 '제대로 하는 것'이 중요하다. 이 책에서 말하는 걷기는 '진지하게, 제대로 걷는 것'을 뜻한다. 목표를 가지고, 제대로 걷는 것은 당신에게 대단한 경험과 성취감을 줄 것이다.

이 책을 읽고 있는 당신이 평범한 건강상태를 유지하고 있으며, 걸을 수 있다는 가정하에 설명하겠다. 이 책에서의 목표는 '10km를 부담 없이 걷거나, 천천히 뛰는 것이다.' 크게 어렵지 않다.

당신이 만약 5km를 부담 없이 걸을 수 있다면, 약 10

~15분 정도 매우 가볍게 뛰는 것이 가능하다. 100분 동안 10km를 걷거나 가볍게 뛸 수 있다면, 현대 사회를 살아가는 데 필요한 체력으로 충분하다. 빠르고, 더 멀리 뛰는 것은 그 이후에 당신이 선택할 문제다.

내 경험에 의하면 제대로 걸어보지 않고, 꾸준하게 달려보지 않은 사람일수록 걷기와 가볍게 달리는 조깅에 대해 쉽게 말한다. 일반인들은 신체적 능력이 매우 뛰어난 운동선수와 같은 '스페셜 리스트'가 될 필요가 없다. 일상생활에 필요한 근력, 근지구력, 심폐지구력은 그렇게 엄청난 능력이 요구되는 것이 아니다. '보디빌더'나 '파워리프터' 같이 수백 킬로그램의 바벨을 들며, 훈련할 필요가 없으며, '마라토너'처럼 2시간 20분 이내에 42.195km를 뛸 필요도 없다.

당신에게 필요한 '체력'과 '운동 능력'은 신체를 조금 더 건강하게 유지해 줄 수 있으며, 삶을 더 풍요롭게 즐길 수 있는 정도면 된다. 스페셜리스트가 되는 것은 그 다음이며, 당신의 선택이다.

남들보다 조금 더 뛰어나기 위해 필요한 체력과 운동

능력은 '잘 계획된 프로그램'을 바탕으로 꾸준하게 1~2년 정도만 훈련하면 얻을 수 있다. 만약 당신이, 수십 년 동안 망가져 있던 몸을 단 3개월 만에 환상적인 몸으로 바꿀 수 있다고 믿고 있다면, 그 생각은 지금 당장 버리길 바란다.

모두가 3개월만 운동하면, 당신의 망가진 몸을 완벽하게 바꿀 수 있다고 광고한다. 단호하게 말하지만 거짓말이다. 언제나 그렇듯 거짓말은 매력적이다.

3개월간의 '무리한 훈련', '비현실적인 운동량', '신체를 혹사 시키는 식이요법'으로 얻을 수 있는 몸은 절대 건강한 몸이 아니다. 짧은 시간 무리하게 몸을 혹사해, 너무 지쳐버린 몸을 가지게 된다면, 아마도 기본적인 대사 기능조차 망가진 채 식이장애에 시달릴 가능성이 있다. 그리고 과도한 훈련으로 얻은 부상으로 고통스러울 것이다.

이제는 환상에서 벗어나길 바란다. 고정관념을 깨뜨리는 일은 언제나 쉽지 않다. 혼란스럽고, 당혹스러울 수 있다. 당혹스럽다면, 머리를 싸매고 고민하는 대신, 잠시 멈춘 다음, 휴식을 취하길 바란다.

이 책을 덮고 밖으로 나가라. 평소 즐겨 듣던 음악을 들으며 벤치에 앉아 있어도 좋고, 아무런 목적 없이 조용히 걷는 것도 괜찮다. '30분 정도 천천히 걸어라.' 어느새 머리는 맑아지고, 오랜만에 몸이 가벼워지는 느낌을 받게 될 것이다.

그렇다. 지금, 당신이 해야 할 일은 단 하나 '걷는 것'이다.

16장.
3개월 만의 변화, 환상과 거짓말에 대해

"거짓은 노예와 군주의 종교다. 진실은 자유로운 인간의 신이다." - 고리키

[28]인류가 지금과 같은 풍요를 누리게 된 것은 수만 년의 시간 중, 매우 최근의 일이다. 불과 수백 년 전까지 인류의 가장 큰 과제는 '굶주림을 극복하는 것'이었다.

인류의 조상들은 오랜 시간 동안 굶주림에 시달렸다. 19세기 화학비료가 개발되면서, 곡물의 수확량은 비약적으로 발달했으며, 불과 200년 전까지, 세계 곳곳에서, 흉작과 기근으로 많은 사람이 목숨을 잃었다. 다행스럽게도

---

[28] 물론 아직도 정치, 경제, 환경 문제로 지구의 대다수가 굶주리고 있다. 관련 내용은 [왜 세계의 절반은 굶주리는가?], 장 지글러 저, 를 읽어보길 바란다.

인류는 생명을 위협하는 굶주림을 버티고, 극복해 살아남았다.

 인간이 살아남은 방식은 '먹을 수 있을 때 충분히 먹어두는 것'이었다. 섭취한 음식물의 에너지와 영양분을 체내에 비축해 둔 다음 굶주린 시간이 길어지면, 근육과 간에 저장해 놓은 글리코겐과 저장된 지방을 활용해 생존하는 방식을 활용했다. 그 결과 인간은 꽤 긴 시간 동안 물을 제외한 영양소의 공급이 없어도 생존을 위해 사냥을 할 수 있으며, 체중에 2% 밖에 차지하지 않는 뇌가 그 어떤 장기보다 많은 에너지를 쓰며, 극한의 상황에서도 생존을 위해 머리를 쓸 수 있도록 진화했다.

 인간은 긴 시간 동안 사냥감을 추적할 수 있으며, 움직이는 동안 체온을 유지하기 위해 땀샘을 발달시켜 땀을 흘리게 했다. 이에 따라 털은 점점 퇴화했으며, 계속 변화하는 주변 환경에 적응하고, 신체를 보호하기 위해 옷을 만들어 입었다.[29] 비록 인간은 다른 동물처럼 빠르거나 강

---

[29] 지금이야 문명의 발달로 먼 거리조차 이동이 자유롭지만

하지는 않지만, 장거리를 효율적으로 이동할 수 있도록 신체가 발달했다. 이러한 신체적 특징은 생존을 위한 진화의 결과다. 우리의 몸은 생존을 위해 최선을 다해 진화해 왔으며, 파충류와 같이 주변 환경에 따라 몸을 변화시키고, '곰'처럼 겨울잠을 자는 대신, 몸의 항상성을 유지하고, 불을 사용하고, 서로 협력하며, 극한의 환경에서도 함께 살아남는 전략을 선택했다.

[표준국어대사전]에 따르면 항상성은 다음과 같이 정의한다.

"생체가 여러 가지 환경 변화에 대응하여 생명 현상이 제대로 일어날 수 있도록 일정한 상태를 유지하는 성질. 또는 그런 현상."

불과 200년 전 우리 조상만 해도 대부분 지게를 지고 걸어 다녔다는 사실은 누구나 알고 있을 것이다.

위 정의처럼 인간은 '항상성'을 유지하며 환경 변화에 적응해 왔고, 이는 수만 년에 걸친 '진화 과정'을 통해 형성된 것이다. 이러한 자연의 법칙과 진화에 따른 결과물은 인간이 인위적으로 통제할 수 있는 것이 아니다. 따라서 수십 년 동안 유지되어 온 몸 상태를 단 3개월 만에 드라마틱하게 변화시키는 일은, 정상적인 방법으론 불가능에 가깝다.

물론, 예외가 없지는 않다. 한때 '강함이란 무엇인가?'에 대해 고민하며, 전세계 특수부대원들의 체력 훈련 방법이나, 교도소 수감자들이 하는 극단적인 체력 단련 방식에 대해서도 공부하고, 따라해 본 적이 있었다. 이처럼 평범하지 않은 극한이라 부를 수 있는 상황에서조차, 인간의 몸을 단련하고, 변화시키기 위해서는, 3개월 이상의 기간이 반드시 필요하다.

현대 특수부대의 기원을 영국의 SAS (Special Air Service)로 본다. 이 SAS를 모델로 삼아 미국의 네이비실 (Navy SEAL), 한국의 UDT (해군특수전전단) 등 다양한 국가에서 특수부대가 창설되었다. 이들 특수 부대의 기초 체력 훈련 프로그램이 대부분 '16주', 즉 '약 4개월 이상'으로 구성되어 있다는 점은 시사하는 바가 크다. 체력이 어느 정도 준비된 강인한 사람들을 대상으로 한 훈련조차 약 4개월 정도 시간이 소요된다면, 평범한 일반인의 몸을 3개월 안에 극적으로 바꾸는 것은 거의 불가능에 가까운 것이 더 이치에 맞지 않겠는가?

그렇다면 왜 많은 피트니스 센터의 트레이너들은 "3개월 안에 몸을 변화시킬 수 있다."고 말하는 것일까? 그 이유는 대체로 다음 세 가지 중 하나에 해당한다.

1. 거짓말 또는 과장된 주장
2. 약물 사용과 같은 부정한 방법 사용
3. 단식에 가까운 극단적인 칼로리 제한

우선, 첫 번째, 거짓말을 하는 사람들에 대해 말해보겠다. 이들은 두 가지 유형으로 나뉜다.

- 고의로 거짓말을 하며, 이를 통해 개인적 이익을 취하려는 사람.
- 본인이 하는 거짓 또는 비합리적인 행동을 진실이라 믿고 있는 사람.

트레이너가 이러한 두 가지 유형 중 어느 쪽이든, 타인의 몸을 책임지고 훈련시키는 입장에서는 문제가 될 수 있다. 특히 "3개월 만에 살을 뺄 수 있다"는 식의 과장된 주장은 트레이너가 당장에 얻을 수 있는 '돈'과 바로 연결된다.

그들이 돈을 더 많이 벌 수 있는 방법은 회원들이 PT와 같은 개인레슨에 큰 비용을 지급하는 것뿐이다. 대부분의 트레이너는 자신이 지도하는 회원에게 퍼스널 트레이닝이라는 명목으로 '주 3회 정도'의 '개인 레슨'과 '매일 1시간 이상의 유산소 운동'을 할 것을 강조한다. 이는 회원들의 현실을 전혀 고려하지 않는 방법이다. 매일 회사에 출근하며, 업무에 시달리는 지극히 평범한 일반인들에게 주 3회의 고강도 웨이트 트레이닝과 매일 반복되는 1시간 이상의 유산소 운동은 그 자체가 고강도 훈련으로 분류가 되며,

이는 오히려 장기적으로 봤을 때, 좋은 몸을 만드는데 도움되지 않는다. 평범한 일반인들에게는 웨이트 트레이닝과 같은 중, 고강도의 훈련은 1주일에 1회 정도면 충분하다. 이는 세계보건 기구(WHO)의 권장사항이다. '세계보건기구 (WHO)'에서는 성인의 경우 건강을 위해 [30]일 주일에 2시간 30분 이상 '중강도 운동'을 하거나 75분 이상 고강도 유산소 활동을 하라고 권고하고 있다.

중강도의 신체활동은 약간 빠르게 걷기 (시속 5~6km 미만), 집안일, 반려동물 목욕시키기, 자전거 타기 (시속 16km 이하) 등이 해당한다. 고강도의 신체활동은 무거운 물건 들기, 달리기, 인터벌 트레이닝과 같은 운동들이 해당된다. 일반인이 주 3회 정도의 고강도 트레이닝을 하는 것은 과학적으로도 건강과는 거리가 먼 훈련방법이다.

그 어떤 트레이너도 회원에게 "주 1회만 퍼스널 트레이닝을 하라"고 권하지 않는다. 대부분 "주 2~3회 이상은 반드시 운동해야 한다"고 말한다. 그렇다면, 왜? 피트니스

---

[30] 세계보건기구 신체활동 건강지침 참고

업계에서는 "주 3회 PT"가 보편적으로 적용되고 있을까?

 적지 않은 시간 동안 피트니스 업계에 몸담았기 때문에 이 분야의 실상을 어느정도 잘 알고 있다. 가장 중요한 이유는, '돈' 때문이다. 회원이 주 1회 수업을 듣는 것보다 주 3회 수업을 들을 때, 돈을 3배 더 써야 하는 것은 당연하다. 물론 트레이너의 수익은 당연히 커진다. 문제는 여기서 끝나지 않는다. 위와 같은 고강도의 트레이닝과 함께, 닭가슴살과 채소, 고구마로 대표되는 칼로리를 극도로 제한한 다이어트 식단을 함께 하길 추천한다. 신체를 무리하게 쓰도록 만들고, 음식의 섭취는 극도로 줄이며, 트레이너는 근엄한 목소리로 회원들에게 말한다.

"운동은 원래 힘든 것입니다."
"이렇게 운동해서는 좋은 몸을 가질 수 없습니다.
더 노력해야 합니다."

 이런 방법은 사실 새로운 것이 아니다. 신체를 무리하게 쓰게 만들고, 음식은 조금만 제공하는 환경을 이미 우리는 알고 있다. 과거 [31]시베리아의 형무소나, 일제 강점기 징용 현장이 그랬다. 모두 비정상적인 환경이며, 결코 인간의 건강을 위한 상황은 아니다.

위와 같은 비합리적인 방법으로 몸을 만드는 것이 진실이라 믿는 사람들은 더 문제다. 트레이너가 지도하는 대상은 '타인의 몸'이다. 타인의 재산을 다루는 것도 매우 중요하지만, 타인의 신체 역시 소중하고 신중하게 다뤄야 한다. 트레이너는 그럴 의무가 있다. 회원은 트레이너를 신뢰하며, '시간당 몇 만원'에 달하는 비용을 지불한다. 그런 회원에게 비합리적인, 무리한 방법을 아무 고민 없이 진실인 것처럼 가르친다면, 그것은 무지 이전에 무책임한 행동이다.

두 번째, 약물 사용과 같은 부정한 방법에 대해 말해보겠다. 트레이너의 욕심과 회원의 무지가 만나면, 결국 약물 사용이라는 부작용이 가득하며, 위험한 해결책이 등장

---

[31] 좀 더 궁금한 독자는 '솔제니친'이 쓴 [수용소군도]를 읽어 보길 바란다.

한다. 단기간에 눈에 띄는 변화를 만들기 위해 사용하는 약물은 다양하지만, 보통 다음 세 가지 유형으로 분류할 수 있다.

1. 근육 증가를 목적으로 하는 약물
- 대부분 법적으로 금지된 약물이다.
- 심각한 부작용을 유발할 수 있으며, 매우 위험하다.

2. 신진대사 촉진 약물
- 체내 대사율을 인위적으로 높여 칼로리 소모를 증가시킨다.
- 대부분 전문의약품으로, 의사의 처방 없이는 사용할 수 없다.

3. 식욕억제제
- 중추신경계에 작용해 식욕을 줄이고, 포만감을 증가시킨다.

- 오용이나 남용 시 위험성 때문에 대부분 향정신성 의약품으로 분류된다.

이러한 약물들은 각각의 작용 기전과 위험성이 다르며, 무분별한 사용은 심각한 건강상의 문제를 초래할 수 있다. 먼저, '근육 증가'를 위한 약물을 살펴보자.

대표적인 것이 '단백동화 스테로이드'(Anabolic Steroids)와 '테스토스테론'(Testosterone) 같은 남성 호르몬 계열 약물이다. 이 약물들은 효능이 과장되어 있는 반면, 위험성은 충분히 알려지지 않았다. 단언컨대, 일반인이 이 약물 들을 3개월 정도 사용한다고 해서 영화 속 슈퍼 히어로 같은 극적인 신체 변화를 만들 수 없다. 오히려 이러한 약물의 사용은 아래와 같은 심각한 건강상의 위험을 불러온다.

- 장기적으로 심장마비 위험 증가
- 불법 제조 과정에서 혼입된 불순물로 인한 부작용
- 비위생적인 주사 사용으로 인한 감염

- 내분비계 교란으로 인한 호르몬 불균형
- 간 기능 손상

  이처럼 작은 효과를 얻기 위해 너무 큰 대가를 치르게 되는 것이 바로 '스테로이드'로 대표되는 '불법 약물'이다. 더 심각한 것은, 의학적으로 정해진 안전한 사용량으로는 원하는 만큼의 근육을 빠르게 얻을 수 없기 때문에, 많은 보디빌더들이 많게는 정해 놓은 기준치의 수십 배까지 과다 투여한다. 더 나아가, 더 큰 효과를 얻기 위해 여러 종류의 스테로이드를 동시에 사용하는 '스택(Stack)' 기법을 사용하는 경우가 대부분이다. 이러한 방법은 위험성 때문에 공식적인 의학적 임상 실험도 진행된 적이 없을 만큼 부작용도, 어떤 위험성이 나타날지 정확히 알 수 없다.

  특히 대회를 앞두거나, 심리적으로 불안정한 상태일 경우, 약물 사용량이 극단적으로 늘어나는 경우도 흔하다. 실제로 많은 프로 보디빌더들이 20~30대의 젊은 나이에 심장이나 간 질환을 원인으로 사망하는 일이 거의 매년 발생한다.

두 번째, 체내 대사율을 높여주는 약물의 경우 '내분비계'에 영향을 주거나, '신경계'에 작용한다. 이는 심장에 과도한 부담을 주며, 심장마비를 유발할 가능성이 충분하다. 약물 투여 중단 시 내분비계가 망가질 가능성이 있는 것은 덤이다.

 세 번째, 식욕 억제 약물은 최근 들어 특히 주목받고 있는 의약품이다. 현재 주목받는 약물로는 '리라글루티드' (Liraglutide), '세마글루타이드' (Semaglutide)가 있다.

 이들은 원래 제2형 당뇨병 치료제로 개발되었지만, 체중 감소 효과가 알려지며 비만 치료제로 사용되고 있다. 많은 사람들이 상당한 비용을 감수하며 이 약물을 다이어트 수단으로 사용하며, 유명 인사들의 체중 감량 사례와 함께 대규모 마케팅이 사람들의 무분별한 사용을 더욱 부추기고 있다. 부작용이 거의 없는 비만에 대한 해결책으로 사람들은 알고 있지만, 이들 약물도 부작용이 없는 것은 아니다. 대표적인 부작용으로는 위장 장애, 두통, 어지러움 등이 있으며, 동물실험에서는 용량과 사용 기간에 비례해 '갑상선 수질암', '췌장염', '고관절골절'과 같은 위험이 보고되었다.

이러한 부작용에 관한 정보는 마케팅 과정에서는 대부분 알려지지 않는다. 언제나 그렇듯, 장점만 강조되고, 위험은 가려진다. 지금까지의 내용을 단 한 문장으로 요약하자면 다음과 같다.

"약물은 쓰지 않는 것이 맞다."

세 번째, 단식에 가까운 칼로리 섭취 제한을 통한 방법은 불가능한 방법은 아니다. 그러나 절대 추천하지 않는다. 그 이유는 간단하다. 얻는 것보다 잃는 것이 많기 때문이다.

칼로리 섭취를 극도로 제한하면, 우리 몸은 이를 신체에 대한 위협으로 받아드린다. 앞서 설명했듯, 인간의 몸은 오랜 진화의 결과물로서 생존을 최우선으로 작동하게 되어 있다. 즉, 위기 상황이 느껴지면, '우리의 몸'은 칼로리 소모를 최소화하고, 체지방을 가능한 체내에 축적하는 방향으로 작동한다.

'닭가슴살', '채소', '고구마' 등으로 대표되는 '저칼로리 다이어트 식단'은 처음에는 체중이 감소하며, 일시적인 효과가 나타날 수 있다. 그러나 이 식단을 1년 이상 지속하기 매우 어렵고, 음식을 자유롭게 먹지 못한다는 '심리적 스트레스'가 매우 크다. 심각하면, '절식과 폭식'이 반복되는 '식이장애'로 이어질 수 있다.

결국, 당신이 유일하게 믿을 수 있는 방법이며, 가장 안전하고, 지속적으로 사용할 수 있는 방법은 규칙적이고, 건강한 생활 속에서 적당량의 균형 잡힌 식사를 하며, 꾸준하게 운동하는 것이다.

17장.
몸이 바뀌려면 얼마나 운동해야 하는가?

"우리가 늙어서 운동을 그만두는 것이 아니라, 운동을 그만두기 때문에 늙는 것이다." - 케네스 쿠퍼

할 수 있다면, 죽을 때까지 규칙적으로 운동해야 한다. 운동은 노화의 속도를 늦추고, 삶의 질을 높이는 가장 확실한 방법이다. 만약, '좋은 몸'을 갖기 위해 운동을 한다면, 적어도 1~2년은 꾸준하게 해야 한다.

이 책에서 말하는 '좋은 몸'이란, SNS나 미디어에서 흔하게 볼 수 있는 인위적으로 꾸며진 근육질의 몸이 아니다. 적절한 근력과 지구력, 유연성을 갖추고 있으며, 앞으로 더 발전할 가능성이 충분히 열려 있는 '기능적이며, 건강한 몸'을 의미한다. 이러한 몸을 만들기 위해서는 운동과 식단을 짧은 시간 안에 몰아서 하는 것이 아닌, 가능하면, 평생 동안 해야 하며, 꽤 오랜 시간 동안 꾸준하고,

효율적, 전략적으로 해야 한다. 평생 지속해야 할 운동과 식단이 스트레스로 다가와서는 안 된다. 내가 왜 운동을 해야 하는지, 어떻게 해야 가장 효율적인지, 그 결과로 어떤 몸과 삶을 기대할 수 있는지에 대해 스스로 명확한 전략을 세우고 적극적으로 실천하는 자세가 필요하다.

살다가 보면, 건강이 나빠질 때도 있고, 업무량이 늘어나거나, 이직을 하거나, 개인적인 사정이 생기는 등 다양한 일이 무작위, 반복적으로 생겨난다. 이와 같은 일들은 피할 수 없는 일상의 한 부분이며, 직장에서 은퇴한다고 사라지는 변수들이 아니다. 이러한 일들을 핑계로 운동을 멈추고, 스스로의 몸을 방치하는 것은 매우 어리석은 일이다.

운동은 '특별한 일이 없을 때' 시작하는 것이 아니라, 오히려 '특별한 일이 있는 와중에도' 꾸준히 실천해야 하는 일이다. 일상에서 오는 피곤함을 핑계로 미루기 보다는 그 안에서 가능한 최선의 전략을 만들어야 한다. 앞서 14장에서 제시한 것처럼, 본격적인 트레이닝을 시작하기 전에 아래의 기본 단계를 반드시 거치는 것이 좋다.

- 최소 2주 동안 '충분히 자는 연습'을 한다.
- 충분히 잘 잤다면, 가까운 병원이나 보건소를 방문해 간단한 건강검진을 받는다.
- 검진 결과 큰 이상이 없다면, 한 달간 주 4회, 30분씩 걷도록 한다.
- 마지막으로, 6개월 이상 좋은 식습관을 유지한다.

이 과정을 모두 안정적으로 마친 뒤, 본격적인 근력 운동이나 고강도 트레이닝에 들어가는 것을 추천한다. 운동은 '당장 성과를 내야 하는 일'이 아니다. 평생 동안 꾸준히 해야 하는 일이다.

몸을 바꾸고 싶다면, 몸의 기능을 회복하고 안정적 생활 습관을 유지한 뒤, 적어도 1~2년 동안 꾸준한 운동을 통해 서서히 삶의 일부로 스며들게 만들기 바란다.

18장.
본격적인 훈련의 시작. 4단계 과정

"무지를 아는 것이 곧 앎의 시작이다." - 소크라테스

 만약 당신이 좋은 몸을 만들기로 결심한 뒤, 매일 7시간 이상 충분한 수면을 취하고, 규칙적으로 걷기 운동을 실천했으며, 6개월 이상 꾸준히 좋은 식사 습관을 유지해 왔다면, 이제 본격적인 트레이닝을 시작할 준비가 된 것이다. 이 글을 읽는 사람들 중에는, 앞선 '14장'에서 제시한 '준비 과정'을 건너뛰고, 곧바로 이번 장의 훈련부터 시작하려는 이들도 있을 것이다. 그런 분들을 위해 아래에 간단한 기준을 제시한다. 당신의 신체적 능력이 '아래의 기준'에 미치지 못한다면, 반드시 '14장'으로 돌아가 그 내용을 꼼꼼히 읽고, 그 과정을 먼저 실천하길 바란다. 몸을 변화시키는 데에는 순서가 있으며, 준비가 되지 않은 상태에서의 훈련은 오히려 독이 될 수 있다.

〈본격적인 트레이닝을 위한 간단한 기준〉

1. 식습관 및 생활 습관

- 수면은 양과 질 모두 충분히 확보되어야 한다. 매일 7시간 이상의 양질의 수면이 기본이다.
- 자신의 생활 리듬에 맞춰 하루 2끼 이상의 규칙적인 식사를 해야 한다.
- 한 번에 과식하지 말 것. 식사당 800kcal를 넘기지 않도록 조절한다.
- 특별한 상황으로 인해 생활 습관이 무너졌어도, 2주 이내에 원래의 바른 생활 패턴으로 회복할 수 있어야 한다.

2. 운동능력 (셋 중 한 가지만 만족해도 된다.)

- 2시간 30분 이상, 시속 4~5km/h 정도의 '속도'로 무리 없이 걷기가 가능하다.

- 10km를 시속 6~8km/h의 속도로 가볍게 걷거나 뛸 수 있다.
- 5km를 50분 이내에 쉬지 않고 조깅할 수 있다.

3. 건강 상태

- 건강검진 결과에 이상이 없어야 한다.
- 만약 검사 결과 이상이 있다면, 훈련보다 치료와 회복에 집중해야 한다.
- 무엇보다도 자신의 나이를 고려한 훈련 계획이 필요하다. 예컨대, 80세의 몸으로 20대처럼 운동하려 해서는 안 된다.

4. 기타

- 경제적 시간적 여유가 있어야 한다.
- 경제적 여유는 한 달에 10~20만 원 정도의 지출을 할 수 있는 여력을 말한다.

- 시간적 여유는 일주일에 3~5시간 정도를 운동에 투자할 수 있는 것을 말한다.

앞선 내용들과 위의 사항들을 잘 읽어봤으며, 자신의 상황이 이미 위 기준을 만족한다면, 본격적인 훈련을 할 것을 추천한다.

그럼, 지금부터는 본격적인 훈련을 하는 방법에 대해 말해 보겠다. 모든 일을 오랜 시간동안 지속하기 위해서는 전략이 필요하며, 아래 4단계의 과정을 권장한다. 물론, 사람마다 일을 해결하는 접근방법과 세부적인 방법은 다를 수 있다. 아래에서 말한 4단계의 과정은 하나의 전략적 방법일 뿐이며, 참고용으로 사용해도 무방하다. 만약, 자신만의 방법이 더 효율적이라면 그 방법을 사용해도 된다.

〈본격적인 훈련의 시작. 4단계 과정〉

1. 자신에 대한 이해
2. 상황에 대한 이해
3. 정보수집
4. 실행

1.자신에 대한 이해

　자신에 대한 이해는 앞선 '본격적인 훈련에 돌입할 수 있는 기준'을 충족했다면 어느정도 충분하다고 본다. 운동을 시작하는 데 있어서 필요한 것은 어떤 거대한 진리나 인생의 깨달음 같은 것이 아니다. 중요한 것은, '자신의 현재 상태를 정확하게 알고 있는가?' 이다. 예를 들어,

- 내 몸에 통증이 있는 부위는 어디인지

- 그 통증이 운동으로 회복 가능한 수준인지, 혹은 치료가 필요한지
- 수면과 휴식은 충분히 취하고 있는지
- 식사는 규칙적으로 하고 있는지
- 내가 흥미를 느끼는 운동의 유형은 무엇인지
- 좋아하는 것과 싫어하는 운동 방식은 무엇인지

이 정도만 파악하고 있어도 충분하다. 그리고 무엇보다 한 가지, 반드시 명심해야 할 점이 있다. 몸이 좋아지기 위해서는 '적당히 하기 싫은 일'을 견디며, 그것을 꾸준하게 하는 노력과 끈기가 반드시 필요하다. 진정한 변화는 대단한 열정에서 비롯되는 것이 아니라, 약간의 불편함을 견디는 것에서부터 시작된다.

2.상황에 대한 이해

운동을 시작하기 전, 자신이 처한 환경과 겪고 있는

상황을 정확하게 이해하는 것이 중요하다. 예를 들어, 당신이 만약 직장에서 과중한 업무로 인해 시간적인 여유가 없다면, 억지로 시간을 쪼개, 무리해서 운동을 하기 보다, 충분한 휴식과 같은 다른 현실적인 방법을 우선적으로 고려하는 것이 중요하다. 개인적인 생각이며, 무리한 이야기일 수 있지만, 이직을 고려해 보는 것도 하나의 방법이 될 수 있다. 좋은 직장은 당신을 지치고, 병들게 하지 않는다.

또한 자녀가 태어나, 수면시간을 확보하기 어렵다면, 운동을 하기 보다, 수면시간을 우선적으로 확보해야 한다. '병'을 앓았거나, 치료를 위한 수술 이후 체력이 떨어진 상태라면, 무리하지 않고 '회복'과 '기초 체력 증진'을 목표로 하는 생활 패턴과 운동 프로그램을 설계해야 한다.

당신의 주변 상황은 고정된 것이 아니다. 언제든 바뀔 수 있으며, 그렇기에 중요한 것은 오랜 시간 동안 부담 없이 꾸준히 실천할 수 있는 방법을 찾는 일이다. 운동은 단기 집중 프로젝트가 아니라는 점을 항상 기억해야 한다.

3. 정보수집

어떤 일을 시작할 때, 정보 수집은 매우 중요하다. '인터넷', '책', '전문가'의 조언 등 다양한 경로를 통해 정보를 얻고, 그 내용을 당신의 가치관과 생활 패턴, 목표에 맞춰 검토하고 정리하길 바란다. 이러한 과정을 통해 당신만의 '방향'과 실현 가능한 '목표'를 수립할 수 있으며, 이는 프로젝트를 성공시킬 확률을 높인다. 웨이트 트레이닝과 '관련된 정보'는 다음 장에서 자세히 다루겠다.

4. 실행

정보를 아무리 많이 알고 있어도, 직접 실행하지 않으면 아무 의미가 없다. 운동은 '말'이 아니라 몸으로 직접 해야 한다. 당신이 지속적으로 실천할 수 있는 운동 방식을 찾아내고, 흔들림 없이 꾸준히 이어가는 것, 그것이 성과로 이어지는 가장 단순하면서도 확실한 방법이다.

많은 사람들이 이번 장의 내용을, 운동을 시작할 때 단 한 번만 점검하면 되는 것으로 생각 할 것이다. 그렇지 않다. 위 네 가지 과정, '자신에 대한 이해', '상황에 대한 이해', '정보수집', '실행'은 운동을 꾸준하게 하면서, 경험이 쌓이고, 지식이 넓어지고, 자신만의 '깨달음'이 생길 때마다 반복해서 점검하고, 갱신해야 하는 '과정'이다. 당신이 '원하는 몸', '원하는 삶'의 방식은 이러한 과정의 반복과 성찰을 통해 서서히 완성될 것이다. 운동은 당신의 몸을 변화시키는 동시에, 당신 자신을 더 잘 이해하게 만드는 여정이기도 하다.

19장.
적어도 사기를 당하지 않는 방법

"사람을 기망하여 재물의 교부를 받거나 재산상의 이익을 취득한 자는 10년 이하의 징역 또는 2천만 원 이하의 벌금에 처한다."

- 형법 제347조 제1항

앞서 말한 모든 내용을 충분히 이해하고, 준비까지 마쳤다면 이제 실행에 옮길 차례다. 그러나 실행에 앞서 반드시 주의해야 할 점이 하나 있다. 지금은 정보가 넘쳐나는 시대다. 그러나 정보가 많다고 해서 모두 유익한 것은 아니며, 초보자일수록 정보의 옳고 그름을 판단하기 어렵다. 이런 혼란 속에서, 누군가는 당신의 '운동하려는 의지와 열정'을 이용해, 사기를 친다. 피트니스 업계에서 이러한 피해 사례는 생각보다 많다.

[사례]

28세 민지 씨는 새해를 맞아 다이어트를 결심했다. 회사 앞 건물 지하에 생긴 피트니스센터에서 1년 회원권과 PT 60회를 등록했다. "PT 1+1 파격 할인"이라는 문구는 400만 원의 돈을 일시불로 결제하기 충분했다.

처음 3개월 동안은 모든 것이 완벽했다. 담당 트레이너와의 호흡도 좋았고, 조금의 변화도 있었다. 그러나 점차 트레이너가 개인 사정을 이유로 자주 일정을 미루더니, PT를 약 20회가량 남긴 채 퇴사한다는 문자를 남기고 사라졌다. 곧 새로운 트레이너로 대체되어 남은 수업이 진행될 거란 문자만 남긴 채 기존의 트레이너는 연락이 되지 않았다. 피트니스 센터 측에 항의했지만, 남은 수업은 다른 트레이너가 이어서 진행할 것이란 말만 되풀이했다.

새로 바뀐 트레이너는 갓 자격증을 딴 신입이었고, 민지 씨는 업체 측에 환불을 요구했지만, 담당 매니저는 "규정상 불가능하다"는 답변만 반복하며, 거절했다. 새로운 트레이너는 자신보다 어려 보였으며, 운동도 대충 알려주기

일쑤였다. 가장 참기 어려웠던 점은 수업 시간마다 5~10분씩 지각하는 것이었다. 그럼에도 민지 씨는 지난 3개월 동안 좋았던 기억으로 참으며, 운동하고 있었다. 1+1로 등록했으니 큰 손해는 아니라고 생각하며, 위안 삼았다.

2주 후 어느 날 아침, 회사에 출근하자마자 같은 팀 동료가 A 피트니스 센터에서 운동하지 않느냐 물었다. 동료와의 대화를 통해 알게 된 사실은 피트니스 센터는 지난밤 문을 닫았고, 대표는 연락이 끊긴 상태라는 것이다. 민지 씨는 약 백만 원의 피해를 보게 되었고, 카드사에 항의했지만, 이미 피트니스 센터 측에 지급이 완료된 상태이기 때문에 취소가 어렵다는 대답만 들을 수 있을 뿐이었다. 이후 민지 씨는 소비자보호원에 신고했지만, 이미 잠적한 대표를 찾을 수 없어, 피해 보상은 언제 이뤄질지 모르는 상태다.

이처럼 피트니스 업계에서는, 회원권을 회원들이 모두 사용하기도 전에 센터가 폐업하거나, 믿고 등록한 트레이너가 중도 퇴사한 뒤 경험이 부족한 수습 트레이너로 대체

되거나, 문제가 생겨도 환불을 거부하는 등, 사기에 가까운 사례가 빈번하게 발생하고 있다.

사기꾼이 마음먹고 접근하면 개인이 이를 완전히 막기는 어렵다. 그러므로 사기를 피하는 것이 '최선의 방법'이다. 따라서, 소비자인 당신은 적어도 사기를 당하지 않기 위해 아래와 같은 내용은 알고 있어야 한다.

1. 좋은 헬스장은 어떤 곳인가?

웨이트 트레이닝을 가르쳐 온 사람으로서, 피트니스 업계 종사자이자, 동네 관장으로서, 좋은 헬스장을 고르는 방법에 대해 이야기해 보겠다. 좋은 헬스장의 기준은 다음과 같다.

a. 거리가 가까워야 한다.

아무리 시설이 좋은 피트니스센터라도 '집'이나 '직장'에서 너무 멀면 등록 후 자주 가지 않게 된다. 가격이 싸고 시설이 훌륭하더라도 자주 가서 운동해야 의미가 있다. 여기서 '가까운 거리'란, 걸어서 10분 이내를 말한다. 아무리 강한 의지를 지녔다 하더라도, 그 이상의 거리는 온갖 핑계를 대며, 가지 않을 가능성이 크다. 그러니 가까운 곳에 등록하길 바란다.

b. 적당한 가격

헬스장 시설만 이용하는 경우, 월 이용료는 8만 원에서 15만 원 이내가 적절하다. 흔히들 PT라 부르는 퍼스널 트레이닝을 포함한 재활 운동, 치료 운동과 같은 전문적인 개인 맞춤형 레슨은 당연히 비쌀 수밖에 없다. 과외와 스터디 카페의 차이를 생각하면 쉽다. 단, 2025년 기준, 당신이 수준 높은 운동선수가 아닌 이상 퍼스널 트레이닝의 수업료로 [32]회당 10만 원 이상을 지급해 가며 배우는 것은

---

[32] 이 부분은 논란이 생길 수 있다 본다. 그러나 이 책의 대부분의 독자인 일반인 기준으로 그 정도의 비용을 내고

추천하지 않는다. 운동은 어디까지나 운동일 뿐이다. 건강은 그 무엇보다 소중하지만, 당신의 경제적 여건은 항상 바뀌기 마련이며, 수업료가 지나치게 부담된다면, 결국 운동을 포기하게 되는 일이 생길 수밖에 없다. 개인적으로 적당한 헬스장 이용료는 월 8만 원에서 15만 원 정도라 본다. 한 편, 월 5만 원 이하의 저렴한 요금을 조건으로 12개월 이상 장기 회원권만을 판매하는 헬스장은 피하는 것이 좋다. 이러한 형태는 사업 구조상 장기적으로 유지되기 어렵다. 지속 가능한 운영이 어려운 센터는 머지 않아 문을 닫을 가능성이 크다.

c. 1개월, 3개월 등록이 가능한 곳

저렴한 가격의 연간 회원권을 판매한 뒤 폐업하고 도망

배울 만한 선생님은 국내에 많지 않다고 본다. 웨이트 트레이닝의 본 고장인 미국의 경우 최상급 트레이너의 개인지도 비용이 시간당 100~150 USD 인 것을 참고하기를 바란다.

가는 사례가 실제로 많다. 사기를 막을 완벽한 방법은 없지만, 그 위험을 분산하기 위해 1개월씩 등록하며, 분위기를 살펴볼 것을 권한다. 새로운 피트니스센터에 등록해 운동하는 것은 새로운 학교에 전학을 간 것과 같다고 생각하면 이해하기 쉽다. 누구에게나 적응 기간이 필요하다.

1개월 등록 후 한 달 동안 평균 8~12 회 정도 방문해 분위기를 파악한 다음, 시설과 분위기가 괜찮다면 3개월 단위로 연장하자. 3개월씩 2회 등록하면 총 6개월간 운동할 수 있으며, 이정도 기간이 지나면 본인만의 기준이 생긴다. 이런 것들이 쌓여 개인의 노하우가 된다.

d. 시설이 깨끗하며, 사람들이 너무 많지 않은 곳

당신은 돈을 내고, 서비스를 받는 고객이라는 점을 명심길 바란다. 돈을 내고 이용하는 만큼, 피트니스 센터는 기본적으로 쾌적한 환경을 유지해야 한다. 기구 손잡이, 샤워실, 정수기 주변이 지저분하다면 곧장 다른 체육관으로 옮길 준비를 하자. 수건이나 회원복에서 불쾌한 냄새가

난다면, 개인 물품을 준비하거나, 역시 센터를 바꿔야 할 신호다. 이용자가 많아지는 시간은 대부분 오전 7~8 시 30분, 오후 6~9시 사이다.

가능하다면 이 시간대를 피해 운동할 것을 권한다. 피할 수 없다면, 새로 등록한 체육관의 혼잡도를 체험해 보기 위해서라도 1개월만 등록해 보는 것이 현명하다.

피트니스 센터의 적정 인원은 $3.3m^2$당 1.5~2명이다. 사람이 많으면 기구 사용에 대기하는 시간이 길고, 운동은 커녕, 눈치만 보다가 당신이 해야 할 운동을 못하고, 시간만 낭비하게 된다. 그러니 앞서 말한 것처럼 1개월만 등록 후 직접 사용해 보고 판단하길 바란다.

2. 좋은 트레이너를 고르는 방법

어떤 사람의 됨됨이나 성품은 타인이 판단하기 어려운 영역이다. 따라서 이 글에서는 트레이너의 '직무 수행 능력'과 '최소한의 윤리 의식'이라는 몇 가지 기준에만 초점을 맞추어 설명하겠다.

a. 좋은 트레이너는 자신의 직업이 서비스직임을 정확히 알고 있다.

 헬스장에 등록한 다음, 운동 방법을 잘 몰라서 답답함을 느끼거나, 체계적으로 배우고자 마음을 먹고, 퍼스널 트레닝 (PT)을 받기로 결심하게 되면, 자신을 가르쳐 줄 트레이너를 정해야 한다. 자신에게 운동을 잘 가르쳐 줄 트레이너를 고르는 일은 결코 쉽지 않다. 사람은 직접 겪어보기 전까지는 알 수 없기 때문이다. 이때 기억해야 할 점은, 운동을 잘 가르치는 트레이너는 자신이 단순히 운동을 가르치는 사람이 아니라, '서비스 제공자'라는 사실을 정확히 알고 있다는 것이다. '좋은 트레이너'는 회원에게 금전적 대가를 받고 그에 합당한 전문성과 친절함을 제공하는 직업인이라는 점을 분명히 인지하고 있다. 따라서 회원에게 고압적인 태도를 취하지 않으며, 예의 바르고 친절한 태도로 대한다. 개인 레슨은 '1:1 과외 수업'이다. 약 50분에서 1시간 정도의 수업 시간 동안, 고객에 대한 배려심이나 서비스 정신이 부족한 트레이너와 함께 운동하는 것은 회원에게 큰 스트레스가 될 수밖에 없다.

 운동을 가르치는 일 또한 사람이 하는 일이다. 자신이 어떤 일을 하는지 제대로 이해하고 있으며, 상대를 존중할 줄 아는 사람이라면, 직업적으로도, 인간적으로도 괜찮은 사람이라는 점은 분명하다.

b. 좋은 트레이너는 시간 약속을 철저히 지킨다.

 퍼스널 트레이닝(PT)은 회원의 일정과 라이프스타일을 최대한 반영해 맞춤형으로 진행되어야 한다. 트레이너와 회원은 수업 일정을 사전에 충분히 조율하고, 합의된 수업 시간에 대해서는 반드시 시간을 지켜야 한다. 그러나 일부 대형 피트니스센터에서는 수익의 극대화를 이유로 트레이너에게 하루 6~8건 이상의 레슨을 요구하는 일이 빈번하다. 이는 결코 바람직한 관행이 아니다. 트레이너 역시 사람이며, 체력 회복과 휴식이 필요한 직업인이다. 과도한 수업 일정은 수업의 질을 떨어뜨릴 수밖에 없다. 피곤한 트레이너는 수업 시간 동안 형식적이고, 무성의한 태도로 회원들을 지도한다. PT는 결코 저렴한 서비스가 아니다. 회원의 시간과 비용을 받는 순간, 트레이너는 전문가로서의 책임을 져야 한다. 따라서 시간 약속을 철저히 지키고, 자신의 일정을 체계적으로 관리할 수 있는 역량은 좋은 트레이너가 반드시 갖춰야 할 기본적인 자질이다.

c. 좋은 트레이너라면, 회원의 기록을 철저히 관리한다.

이 부분은 다음의 사례를 통해 알아보도록 하겠다.

[사례]

민희 (대기업, 기획팀)씨는 45세의 직장인이다. 고등학교 2학년에 재학 중인 아들 '준호'의 수학 성적이 걱정돼, 한 달 전부터 시간당 8만 원을 지불하며 개인 과외를 시작했다. 가격이 부담되긴 했지만, 학원에서 단체 수업을 듣는 것보다 개인 과외가 더 효과적일 거라 생각했기 때문이다. 그러나 두 달이 지난 지금, 민희 씨는 깊은 고민에 빠져 있다. 과외 선생님인 명문대생 'A'는 매번 수업 시간에 늦게 오거나, 갑자기 개인 사정을 핑계로 수업을 취소하는 일이 잦았다. 더 큰 문제는 수업 내용과 진도에 대한 계획이 전혀 없어 보이는 것이었다.

"선생님, 혹시 준호가 어떤 부분이 부족한지, 앞으로 어떻게 수업을 진행할 것인지 여쭤봐도 될까요?" 라는 질문에, 'A'는 "아, 네… 준호가 기초가 좀 부족해서요. 그냥 교과서 개념 정리하고 기본 문제부터 풀고 있어요. 잘될 거예요."라는 애매한 답변을 했다.

아들 준호에게 따로 물어봐도, 'A'는 수업 준비를 꼼꼼하게 해오지 않았고, 아이의 이해도나 집중도와 같은 기본적인 것들도 확인하지 않는 모습이었다. 가끔은 수업 중 자신의 휴대전화를 보거나, 다른 학생과 메시지를 주고받는 모습도 보였다고 한다.

시간당 8만 원이라는 적지 않은 비용을 지불하고 있음에도 이런 불성실한 태도가 계속되자 민희 씨의 실망감은 커져만 갔다. 준호 역시 처음에는 기대하며 과외를 시작했지만, 얼마 전부터 "엄마, 그냥 학원 다닐래요..."라고 말하기 시작했다. 수업 시간에는 체계적인 설명 대신 문제집만 풀게 하거나, 질문해도 성의 없는 답변만 돌아온다 했다. 준호가 흥미를 잃어버리는 것이 당연했다.

민희 씨는 이런 상황을 어떻게 해결해야 할지 고민이다. 다른 과외 선생님을 구하는 것도 어려울 것 같으며, 곧 방학을 앞두고, 시기적으로 좋은 선생님을 구하기가 쉽지 않은 것이 현실이다. 지금의 선생님과 과외를 계속 할지, 아니면 학원으로 전환할지 결정을 내려야 하는 상황이 답답하다. 무엇보다 아들의 성적에 대한 걱정이 가장 크다.

위 사례처럼 나에게 소중한 자녀가 있다고 가정하자, 자녀가 공부를 좀 더 잘했으면 하는 마음에 과외를 시키는데, 공부한 내용을 기록하지도 않고, 진도에 대한 계획도 없이, 수업 준비도 하지 않은 채로, 과외 시간을 때우려는 모습만 과외선생이 보여준다면, 돈이 아깝지 않겠는가? 당신이 받는 퍼스널 트레이닝도 마찬가지다. 개인 지도의 핵심 목적은, '혼자서도 올바르게 운동할 수 있는 방법을 알려주는 것'이다. 트레이닝이란, 트레이너의 지식과 경험을 바탕으로 계획된 훈련 프로그램에 따라 회원의 컨디션과 발전 속도를 고려해 단기 및 장기 목표를 달성하도록 돕는 것이다.

운동을 처음 시작한 '초보자'들은 '운동기록'의 중요성을 잘 알지 못한다. 이들에게 '운동기록'의 목적과 필요성을 설명하고 기록하는 습관을 만들어 주는 것은 트레이너의 중요한 역할 중 하나다. 좋은 트레이너라면 수업 중 회원이 수행한 운동 내용과 특이사항을 기록하며, 향후 발전 방향과 목표를 설계해야 한다.

개인레슨 시간 동안 회원이 직접 수행한 운동 내용을 트레이너가 기록하지 않는다면, 자신이 맡고 있는 많은 수의 회원이 어떤 운동을 했는지 어떻게 기억할 것인가? 회원들의 운동 내용을 기록하고 관리하는 것은 코치의 기본 업무다. 기록을 남기는 트레이너를 찾아야 하는 이유가 여기에 있다.

d. 좋은 트레이너는 '과도한 운동'과 '극단적인 식단'을 강요하지 않고, 당신의 변화를 기다릴 줄 안다.

개인 레슨을 통해 운동을 배우려는 대부분의 사람은 성인이다. 이미 자신의 삶을 살아가고 있는 성인에게 무엇인가를 강요하는 것은 효과적이지 않다. 오히려 거부감만 생길 뿐이다. 식당에 갔는데, 당신이 원하는 음식은 무시되고, 주방장이 만들기 편한 음식, 혹은 미리 준비해 놓은 음식을 억지로 먹으라고 한다면 어떨까? 당신은 불쾌한 감정을 피할 수 없을 것이다. "당신은 이 음식을 먹어 본적 없으며, 요리에 대해서는 주방장이 훨씬 더 많이 알고 있으니, 주는 대로 먹어야 한다" 와 같은 논리는 평생 해야 할 '운동' 에는 적용될 수가 없다.

운동은 '강요'의 대상이 아니다. 트레이너는 운동이 좋은 것임을 회원에게 알리고, '왜? 해야 하는가?'를 사람들에게 '설득'해야 한다. '강요'가 아닌 '설득'의 과정만 필요하다. 운동의 장점을 알려주고, 올바른 식습관과 생활 습관을 제안하며, 관련된 정보와 조언을 제공하는 것이 트레이너의 역할이다. 이러한 과정이 진행되는 동안 트레이너는 회원이 스스로 변화하고 성장할 수 있도록 돕는 조력자가 되어야 한다.

대부분의 사람들은 '운동에 대한 의지'가 강하지 않다. 만약 모두가 스스로 자신에게 맞는 운동을 찾아 잘할 수 있었다면, 퍼스널 트레이닝 시장은 존재하지 않았을 것이다. 또한, 모든 사람이 전문가라면 트레이너를 찾을 이유도 없다. 사람은 누구나 변화하는데 시간이 필요하고, 각자 나름의 속도로 적응해 간다. 좋은 트레이너는 이 점을 이해하고, 회원의 변화 과정을 끝까지 지켜보고, 응원하는 사람이다. 트레이너에게 있어 중요한 것은 '기다릴 줄 아는 것'이다. 그래서 좋은 트레이너는 당신에게 많은 양의 힘든 운동과 무리한 식단을 강요하지 않는다. 당신에게 필요한 운동을 가르치고, 필요한 정보를 전달하며, 긍정적 변화를 기다린다.

e. 좋은 트레이너는 질문에 성실히 답하며, 기본적인 교육을 받았으며, 일정 자격을 갖춘 사람이다

  이 글을 쓰고 있는 지금 시점을 기준으로, 〈문화체육관광부〉는 생활 스포츠의 활성화와 전문화를 위해 일정 요건을 충족한 사람에게 '생활스포츠지도사 자격증'을 발급하고 있다. 이 자격증은 대한민국에서 코치나 트레이너로 활동하기 위해 갖추어야 할 가장 기본적인 자격이다.

  당신의 몸을 최소한의 자격도 갖추지 못한 사람에게 맡기지 않기를 바란다. 스포츠 분야에는 민간에서 발급되는 수많은 사설 자격이 존재한다. 대다수의 트레이너들이 다양한 경력을 갖추고 있는 것처럼 보이기 위해, 여러 사설단체의 자격증을 손쉽게 취득해, 나열해 두는 경우가 많다. 사설단체의 자격증도 취득하는데 있어 단계별 절차가 있으며, 적지 않은 비용과 약간의 노력이 필요하겠지만, [33]국가에서 인증한 자격증이야 말로 가장 정확하고, 체계

---

[33] 사람의 신체를 다루는 분야인 만큼 법으로 규정하고 있다.

적인 검증 시스템을 통해 발급된다는 사실을 부정할 수 없다.

자격증이 없는 사람들의 대부분은 '운동은 실기다.' 또는 '시간이 없고, 절차가 귀찮아서.'와 같은 말들을 주로 한다. 자격증이 없어도 운동은 잘 가르칠 수 있다고 본다. 그런데, 그 귀찮은 일들을 누군가는 '법과 규칙'을 지키기 위해서 한다. 여러 핑계를 대며, 해야 할 일을 하지 않는 사람들을 믿을 수 있겠는가? 판단은 트레이너를 선택하는 당신의 몫이다.

성실하게 질문에 답하고, 기본적인 자격을 갖춘 트레이너를 고르는 것은, 당신의 몸을 믿고 맡길 수 있는 사람을 선택하는 최소한의 기준 중 하나라 할 수 있다. 좋은 트레이너는 '기본 동작'들과 인체에 대한 이해도가 높아야 하며, 효과적으로 자신의 지식을 전달할 수 있는 능력 또한 갖추

[국민체육진흥법], [체육시설의 설치 이용에 관한 법률]을 참고하길 바란다.

고 있어야 한다. 웨이트 트레이닝에서 말하는 '기본 동작'이란 바벨을 사용하는 동작을 뜻한다. 대표적인 바벨 운동에는 '스쾃', '데드리프트', '벤치프레스', '오버헤드 프레스', '바벨 로우' 등이 있으며, 관절을 두 개 이상 사용하는 '복합 관절 운동'은 인체의 여러 근육을 동시에 사용하고, 일상생활에서 필요한 신체적 기능을 향상 하는데 매우 효과적이다. 이러한 동작은 보기에는 단순해 보일 수 있으나, 정교한 기술을 요구한다. 예를 들어 '스쾃' 하나를 제대로 하려면 '발의 위치', '무릎의 움직임', '앉을 때 허리의 각도', '바벨을 잡는 손의 위치' 등 다양한 요소를 신경써야 한다. 이처럼 다양한 세부 사항을 운동 경험이 부족한 초보자가 혼자서 완벽하게 파악하고 교정하기란 사실 쉽지 않다. 이 부분에서 트레이너의 역할이 필요하다.

좋은 코치는 다음과 같은 방식으로 당신에게 운동을 지도할 수 있다.

1. 정확한 자세 교정

 좋은 트레이너는 운동하는 사람의 자세를 실시간으로 관찰하고 교정해 줄 수 있다. 거울이나 동영상으로는 파악하기 어려운 미세한 움직임까지 체크해 잘못된 자세가 습관이 되는 것을 방지한다. 특히 초보자의 경우, 처음부터 올바른 자세를 습득하는 것이 매우 중요한데, 이는 전문 코치의 지도 없이는 만들기 어렵다.

2. 부상 예방

 모든 운동이 그렇듯 웨이트 트레이닝 역시 잘못된 자세로, 장시간 수행할 때 좋지 않은 습관들이 쌓여, 부상으로 이어질 가능성이 크다. 좋은 코치는 각 개인의 신체 조건과 유연성, 근력 수준을 고려해 안전한 운동 방법을 제시하는 것이 가능하다. 또한 운동 중 발생할 수 있는 위험에 대해 예방할 수 있다.

3. 체계적인 프로그래밍

앞서 얘기했듯이 좋은 코치는 단순하게 동작만 가르치는 것이 아니라, 개인의 목표와 현재 수준에 맞는 체계적인 프로그램을 설계할 수 있다. 적절한 운동 강도, 세트 수, 반복 횟수를 조절하여 점진적인 발전을 끌어낼 수 있다. 이는 혼자서 운동할 때 흔히 겪는 정체기나 '오버 트레이닝'을 예방하는 데 큰 도움이 된다.

4. 동기부여 및 좋은 습관 형성

정기적으로 코치를 만나 운동하는 것은 지속적인 동기부여가 될 수 있다. 코치는 운동일지를 통해 훈련의 진행 상황을 추적하고, 목표 달성을 위한 구체적인 피드백을 제공하는 것이 가능하다. 이러한 요소들은 운동을 꾸준히 할 수 있는 습관을 만드는 데 큰 도움이 된다.

5. 시간 절약과 효율적인 기술 습득

 복잡한 기술이 요구되는 '바벨 운동'을 혼자 익히려 하면, 시행 착오를 거치며, 많은 시간이 소모된다. '독학'은 언제나 그렇듯 상당한 시간이 걸릴 수밖에 없다. 반면, 검증된 훈련법을 가진 트레이너의 지도를 받으면, 시행착오를 줄이고, 빠르게 기술을 습득할 수 있으며, 더 효율적인 결과를 얻을 수 있다. 물론 금전적인 지출이 생기는 것은 당연하다.

6. 개인 맞춤 지도

 모든 사람의 신체 구조와 움직임의 형태는 다르다. 좋은 트레이너는 개인의 특성을 고려해 운동 동작을 각 개인에 맞춰 지도하는 것이 가능하다. 예를 들어, 운동을 배우는 사람의 특정 관절의 가동 범위가 제한적이면, 이를 보완할 수 있는 대체 동작이나 변형된 동작을 제시해 문제를 해결하는 것이 가능하다. 이는 보다 안전하고 효율적인 운동을 가능하게 한다.

운동을 시작할 때는 반드시 검증된 코치에게 기본기를 배워 볼 것을 추천한다. 단, 웨이트 트레이닝에 필요한 '기본적인 동작'을 몇 년 동안 배우는 것은 '비효율적'이다. 그래서 처음부터 기초를 잘 배우는 것이 중요하다. 약간의 투자 비용이 들더라도, 잘 익힌 동작과 운동에 대한 바른 지식 및 가치관은 장기적으로 봤을 때 부상 예방과 효과적인 목표 달성을 위한 현명한 선택이 될 것이다.

피트니스 업계에서 일하려는 어린 친구들에게 한 가지 조언을 덧붙이고 싶다. 만약 국가가 지정한 공인 자격증이 있는 분야에서 일하고자 한다면, 가장 먼저 그에 해당하는 기본 자격증을 취득하는 것이 맞다. 자격증 없이도 회원을 가르치는 일이 가능하다고 느낄 수 있다. 당신이 자격증이 없음에도 불구하고, 많은 사람들이 적지 않은 돈을 내고 배운다면, 당신의 회원들이 코치의 무자격에 대해 아직 모르고 있을 것이라 본다. 그러니 자격증을 취득할 것을 당부한다.

좋은 트레이너가 만능일 필요는 없다. 그러나 회원들의 질문에 대한 답조차 해주지 못하며, 대답을 못 해준 문제의 답을 찾기 위한 공부조차 하지 않고, 모르는 것을 조금도 부끄러워하지 않는 것은 최소한의 직업에 대한 책임감도 없다는 말과 다를 바 없다. 최소한을 지키도록 노력하길 바란다.

만약 당신이 퍼스널 트레이닝을 받아보는 것을 고려하고 있다면, 자격증조차 갖추지 않은 트레이너에게서 양질의 수업이나 서비스를 기대하기 어렵다는 점을 반드시 기억해두길 바란다. 이 글을 읽은 당신이 보다 현명한 판단을 내리고, 즐겁고 안전한 운동을 시작하길 진심으로 바란다.

20장.
유산소 운동을 해보자

 당신이 아주 평범한 일반인이라면, 운동을 지나치게 어렵게 생각하지 않기를 바란다. 당신이 해야 할 운동도 근력운동과 유산소 운동 딱, 두 가지로 구분하기를 바란다. 당분간 당신이 생각하고, 해야 할 유산소 운동은 복잡하지 않다. 걷기와 조깅, 이 두가지만 기억하면 된다. [34]빠르게 달리는 것은 적어도 1년 후, 기초체력이 충분히 쌓인 뒤에나 고려할 문제다.

 당신이 트레이너에게 개인레슨을 받고 있거나, 받을 예정이라면, 트레이너에게 '유산소 운동'에 대해 꼭 질문해

---

[34] 당신이 만약 마라톤 풀코스를 완주하기를 희망하거나, 또는 3시간 이내에 풀코스를 완주하는 서브3를 목표로 한다면, 그 사람들에게 이번 장은 큰 도움이 되지 않을 것임을 미리 말한다. 그러니 건너뛰어도 좋다.

보기를 권한다. 가능하다면 개인적으로 할 수 있는 '유산소 운동 프로그램'도 함께 요청하길 바란다. 좋은 트레이너라면 회원의 생활 패턴을 고려해, 심폐지구력을 향상시킬 수 있는 '유산소 운동 프로그램'까지 계획해 줄 것이며, 관심을 갖고 지도해 줄 것이다. 아마도 이 글을 읽는 대부분의 독자들은 훈련프로그램을 계획해 줄 트레이너나 코치가 주변에 없을 가능성이 크다. 그렇기 때문에 결국, 각자 스스로가 자신의 코치가 되어야 한다. 'Zone 2 훈련', 'VO2 max(최대산소섭취량)', '파틀렉', 'LSD훈련', '지속주' 와 같은 생소한 용어들은 초보자인 당신에게 지금 당장 필요하지 않다. 모른다고 걱정할 필요도 없다. 위와 같은 용어는 운동하다 보면, 자연스럽게 익히게 될 것이며, 알게 될 것이다. 지금은 아래의 문장만 기억하길 바란다.

"걷기와 조깅, 수영 같은 유산소 운동은 기초체력을 기르고, 심폐지구력을 기르며, 각 근육의 협응력도 길러 준다."

 위 문장이 당신이 유산소 운동을 해야 하는 이유다. 앞서 말했듯, 당신이 일반인이라면 훈련을 체계적으로 계획해 본 경험이 없을 것이다. 이에 따라 수년 동안 다수의 회원에게 직접 제공했던 기본 유산소 운동 프로그램을 아래에 공유하고자 한다.

아래는 기초 유산소 프로그램이다.

1. 기본 설명
- 다음 프로그램은 완주를 목표로 한다.
- 일반인을 대상으로 한 유산소 운동은 매일 실시해도 몸에 큰 무리를 주지 않는다. 특히 가볍게 걷기(약 60분 이내)는 심혈 관계의 부담을 주지 않으면서도 효과적인 운동이 될 수 있다.
- 올바른 걷기 습관을 먼저 만들어 놓아야, 나중에 부상 없이 뛸 수 있다.

- 걷는 도중 가슴통증, 어지러움, 호흡곤란, 관절통증 등 이상 증상이 생긴다면, 즉시 운동을 중단하고, 반드시 병원에 방문해서 의사의 진단과 상담을 받기를 권한다.
- 운동의 목적은 '몸을 혹사하는 것'이 아닌 '건강을 지키는 것' 임을 항상 명심하길 바란다.

2. 기초 유산소 운동 프로그램

- 목표: 4주 동안 규칙적인 유산소 훈련을 통해 기초 체력 향상과 체지방 연소의 목표를 달성한다.
- 원칙: 무엇보다 중요한 것은 포기하지 않고 꾸준히 실천하는 것이다.
- 최대 심박수의 [35]60% 강도로 20분 이상 지속하는 유산소 운동을 기본으로 한다.
- 심박수 계산 방법:

*최대 심박수 = 220 - 나이

---

[35] 'Zone 2 훈련' 이라고 불리며, 이름 정도만 알고 있으면 충분하다.

*목표 심박수 = 최대 심박수 × 0.6

예) 만 40세 남성의 경우, 최대 심박수는 180이며, 60%는 약 108이다.

운동 중 심박계를 착용해 심박수를 확인하거나, 심박계가 없다면, 숨이 적당히 차며, 옆사람과 대화할 수 있을 정도의 강도를 유지하며 운동하면 된다.

- 운동 방식:
  - 걷기는 평지 또는 경사가 심하지 않은 산책로에서 진행하는 것이 좋다.
  - 나이가 많거나, 체중이 많이 나가는 경우, 무릎 보호대를 착용하는 것을 추천한다.
  - 신발은 충분한 쿠션이 있는, 발에 잘 맞는 기본 운동화면 된다. 고가의 러닝화는 필수적이지 않다.

3. 기초 유산소 운동 프로그램

제1주
월 : 걷기 30분
화 : 걷기 30분 (피곤할 경우 휴식)
수 : 걷기 25분, 조깅 5분
목 : 휴식
금 : 걷기 25분, 조깅 5분
토 : 휴식
일 : 걷기 40분

제2주
월 : 걷기 30분
화 : 휴식
수 : 걷기 35분, 조깅 10분
목 : 휴식
금 : 걷기 30분, 조깅 10분, 걷기 15분

토 : 휴식

일 : 걷기 45분

제3주

월 : 걷기 35분

화 : 휴식

수 : 걷기 25분, 조깅 15분, 걷기 20분

목 : 휴식

금 : 걷기 30분, 조깅 15분, 걷기 20분

토 : 휴식

일 : 걷기 55분

제4주

월 : 걷기 45분

화 : 휴식

수 : 걷기 35분, 조깅 20분, 걷기 15분

목 : 휴식

금 : 걷기 35분

토 : 휴식

일 : 걷기 60분

*위 프로그램은 개인적 사용은 가능하나 상업적 사용은 금지한다.

위 프로그램을 무리 없이 할 수 있다면, 당신의 체력은 이전보다 나아졌을 것이다. 〈3. 기초 유산소 운동 프로그램〉을 잘 따라 했다면, 이제는 10km를 천천히 달려보는 단계로 나아갈 수 있다. 아래는 〈10km를 완주할 수 있는 훈련 프로그램〉이다.

1. 기본 설명
- 이 프로그램의 목표는 10km 완주에 있다.
- 아래의 프로그램은 '주 4일 훈련', '주 3일 훈련' 두가지의 프로그램이다.

- ■ 주 4일 훈련 프로그램이 더 자세하며, 범용적으로 사용할 수 있다.
- ■ 어떤 프로그램이 더 좋다고 말하기는 어렵다. 그저 무리하지 않고 천천히 달리기를 바란다.
- 일반인의 경우 약 10주간의 훈련을 통해 10km를 무리 없이 완주할 수 있는 체력을 기를 수 있다.
- 걷는 도중 가슴통증, 어지러움, 호흡곤란, 관절통증 등 이상 증상이 생긴다면, 즉시 운동을 중단하고, 반드시 병원에 방문해서 의사의 진단과 상담을 받기를 권한다.
- 실제 러너의 약 80%가 부상을 경험한다는 통계가 있다. 이 점을 항상 유념하고, 절대 무리하지 않도록 주의하자. 부상 예방은 훈련만큼이나 중요하다.

2. 용어 설명

- 걷기: 달리기 중 회복 단계로, 약간 빠른 속도로 걷는다.
- 달리기: LSD(Long Slow Distance), 천천히 오래 달리는 방식이다. 페이스를 신경 쓰지 않고, 자유롭게, 여유롭게 달리면 된다.
- 조깅: 최대 심박수의 약 60% 강도로, 매우 천천히 뛰는 것을 말한다. 신체에 부담이 거의 없는 속도이며, 옆사람과 대화를 나눌 수 있을 정도, 숨이 차지 않을 정도의 강도를 유지한다.

3. 10km 러닝 프로그램 - 주 4회 훈련

제1주
월 : 조깅 20분
화 : 휴식
수 : 조깅 10분, 걷기 10분, 조깅 5분

목 : 휴식

금 : 조깅 15분, 걷기 5분, 조깅 10분

토 : 휴식

일 : 조깅 20분, 걷기 10분

제2주

월 : 조깅 20분

화 : 휴식

수 : 조깅 15분, 걷기 10분, 조깅 10분

목 : 조깅 20분

금 : 조깅 15분, 걷기 5분, 조깅 15분

토 : 휴식

일 : 조깅 30분, 걷기 10분

제3주

월 : 조깅 20분

화 : 휴식

수 : 조깅 10분, 달리기 5분, 조깅 15분

목 : 조깅 15분, 걷기 10분

금 : 조깅 15분, 달리기 7분, 조깅 15분

토 : 휴식

일 : 조깅 40분, 걷기 10분

제4주

월 : 조깅 20분

화 : 휴식

수 : 조깅 10분, 달리기 10분, 걷기 5분, 조깅 15분

목 : 조깅 25분, 걷기 10분

금 : 조깅 15분, 달리기 10분, 조깅 20분

토 : 휴식

일 : 조깅 40분, 걷기 10분

제5주

월 : 조깅 20분

화 : 휴식

수 : 조깅 20분, 걷기 10분

목 : 휴식

금 : 조깅 30분

토 : 휴식

일 : 조깅 40분, 걷기 10분

제6주

월 : 조깅 30분

화 : 휴식

수 : 조깅 5분, 달리기 10분, 조깅 5분, 달리기 5분, 조깅 15분

목 : 조깅 25분, 걷기 10분

금 : 조깅 15분, 달리기 10분, 걷기 5분, 조깅 25분, 걷기 5분, 조깅 15분

토 : 휴식

일 : 조깅 40분, 걷기 10분

제7주

월 : 조깅 40분

화 : 휴식

수 : 조깅 5분, 달리기 10분, 조깅 5분, 달리기 10분, 조깅 20분

목 : 조깅 30분

금 : 조깅 10분, 달리기 10분, 조깅 10분, 달리기 10분, 조깅 25분

토 : 휴식

일 : 조깅 40분, 걷기 10분

제8주

월 : 조깅 25분

화 : 휴식

수 : 조깅 40분

목 : 휴식

금 : 조깅 25분, 달리기 10분, 걷기 10분

토 : 휴식

일 : 조깅 40분, 걷기 10분

제9주

월 : 조깅 40분

화 : 휴식

수 : 조깅 30분, 달리기 10분, 조깅 20분, 달리기 5분, 조깅 15분

목 : 조깅 35분

금 : 조깅 40분, 달리기 5분, 조깅 10분, 달리기 5분, 조깅 20분

토 : 휴식

일 : 조깅 40분, 걷기 10분

제10주

월 : 조깅 30분

화 : 휴식

수 : 조깅 45분, 달리기 15분, 걷기 5분, 조깅 25분

목 : 휴식

금 : 조깅 60분

토 : 휴식

일 : 10km 조깅

3-1. 10km 러닝 프로그램 - 주 3회 훈련

제1주

월 : 걷기 20분, 조깅 10분

화 : 휴식

수 : 걷기 30분

목 : 휴식

금 : 걷기 15분, 조깅 15분

토 : 휴식

일 : 휴식

제2주

월 : 걷기 15분, 조깅 15분

화 : 휴식

수 : 걷기 20분, 조깅 15분

목 : 휴식

금 : 조깅 20분, 걷기 10분

토 : 휴식

일 : 휴식

제3주

월 : 조깅 20분

화 : 휴식

수 : 걷기 10분, 조깅20분

목 : 휴식

금 : 조깅 25분

토 : 휴식

일 : 휴식

제4주

월 : 조깅 25분

화 : 휴식

수 : 조깅 25분

목 : 휴식

금 : 조깅 30분, 걷기 10분

토 : 휴식

일 : 휴식

제5주

월 : 조깅 30분

화 : 휴식

수 : 조깅 30분, 달리기 5분

목 : 휴식

금 : 조깅 35분, 달리기 5분, 걷기 10분

토 : 휴식

일 : 휴식

제6주

월 : 조깅 35분

화 : 휴식

수 : 조깅 35분, 달리기 10분, 걷기 15분

목 : 휴식

금 : 조깅 40분, 걷기 10분

토 : 휴식

일 : 휴식

제7주

월 : 조깅 40분

화 : 휴식

수 : 조깅 35분, 달리기 10분, 걷기 10분

목 : 휴식

금 : 조깅 45분, 달리기 10분, 걷기 10분

토 : 휴식

일 : 휴식

제8주

월 : 조깅 45분

화 : 휴식

수 : 조깅 45분

목 : 휴식

금 : 조깅 50분

토 : 휴식

일 : 휴식

제9주

월 : 조깅 50분

화 : 휴식

수 : 조깅 50분, 달리기 15분, 걷기 15분

목 : 휴식

금 : 조깅 55분

토 : 휴식

일 : 휴식

제10주

월 : 10km 테스트 (8km 이상 뛰어 볼 것)

화 : 휴식

수 : 걷기 30분

목 : 조깅 30분, 걷기 20분

금 : 휴식

토 : 10km 완주

일 : 휴식

4. 끝으로 주의 사항

- 일반인에게 있어 달리기의 목적은 기록이 아닌 건강 유지에 있다는 점을 잊지 않기를 바란다.
- 무엇보다 중요한 것은 무리하지 않는 것이다.
- 운동 중 발생할 수 있는 부상, 또는 지병이나 건강 이상과 관련된 문제는 반드시 해당 분야의 전문의를 찾아 정확한 진료와 상담을 받기를 적극 권한다.

21장.
근력운동을 해보자.

[36]근력운동에 있어 기본은 바벨과 신체를 활용한 다중 관절 운동이다. 다중 관절 운동이란, 하나의 동작을 할 때 두 개 이상의 관절이 동시에 사용되는 운동을 말한다. 이러한 운동은 신체 전반의 근육을 보다 효과적으로 자극할 수 있으며, 실질적인 체력과 신체의 기능 향상에도 크게 기여한다.

근육과 신체적 기능을 키울 수 있는 다양한 동작이 있지만 대표 적인 동작에는 '스쾃', '데드리프트', '벤치 프레스', '오버헤드 프레스'(밀리터리프레스), '턱걸이', '딥스', '푸쉬

---

[36] 이번 장에서 말하는 근력운동은 근육의 힘을 기르는 운동을 말한다. 엄밀하게 분류 또는 정의하자면 다양한 분야가 있어 논란이 될 수 있으나, 유산소운동과 비교하며, 쉬운 의미 전달을 위해 이 단어를 사용한다.

업', '버피테스트', '점프' 등이 있다.[37] 어떤 동작을 '기본'으로 볼 것인가는 사람마다 다를 수 있지만, 일반적으로 이 범주를 크게 벗어나지 않는다.

일반적인 피트니스센터는 많은 사람들이 동시에 사용하고 있으며, 큰소리로 음악을 틀어 놓는 등 집중하기 어려운 운동 환경으로 인해,[38] PT로 대표되는 개인레슨을 등록해도 프리웨이트를 집중해서 배우기 어렵다. 일부는 "세계적인 보디빌더들도 평범한 피트니스 센터에서 훈련한다."고 말하며, 장소는 상관없다고 말하기도 한다. 그런 주장에 대해 이렇게 말하고 싶다.

1. 먼저, 당신은 세계적인 보디빌더가 아니다.

---

[37] 개인적으로는 클린 앤 저크, 스내치와 같은 역도성 동작을 기본 동작에 추가하고 싶지만, 기본이라 하기에는 많은 숙련도를 요구하며, 일반인들이 배우기가 쉽지 않다. 잘 배우는 것은 더 어렵다.

[38] 안타깝지만 사실이다. 전세계 어디나 마찬가지일 것이라 본다.

2. 기본 동작을 올바르게 익힌 이후에는 앞서 설명했듯, 가까우면서도 환경이 괜찮은 피트니스 센터에서 꾸준히 운동하는 것이 좋다.

3. 일정 수준 이상의 선수들조차 자신의 루틴이 방해받지 않기 위해 사람들이 없는 시간에 운동하는 것을 대부분 선호한다. 심지어 자신만의 체육관을 직접 만들어 운동하는 경우도 많다.

4. 국내 피트니스 센터의 환경은 세계적으로 매우 우수하지만, 당신이 만나는 트레이너나 코치들의 수준은 천차만별이며, 수준급의 트레이너를 만나는 것은 쉽지 않은 일이다.

대형 피트니스센터에서는 수십, 수백 명의 회원들이 동시에 운동하는 것이 일반적이다. 이러한 환경에서 많은 트레이너들은 그때마다 비어 있는 운동 기구를 활용하는 방식으로 PT 수업을 진행한다. 다른 회원들이 사용하지 않는 헬스 기구를 시시각각 찾아 이동하면서 수업하다 보니, 체계적인 운동 프로그램을 따르기 보다는 임기응변식 수업이 대부분이다. 이처럼 미리 '계획된 운동 프로그램' 없이 임기응변으로 진행되는 레슨 방식은 결과적으로 회원의 발전 속도를 늦추는 주요 원인이 된다.

이러한 현실이 피트니스 산업의 구조적 문제에서 비롯되었다는 점은 이해한다. 그러나 문제를 방치하기만 해서는 결코 개선될 수 없다. 앞서 말한 기본동작인 '스쾃', '데드리프트', '벤치프레스', '오버헤드프레스'는 기본자세를 가르치는데 많은 도구가 필요하지 않다. 나무봉이나 빈 바벨만 있으면 된다. 그리고 한 평 정도의 공간이면 충분하다.

단지 귀찮다는 이유로, 번거롭다는 이유로, 품은 많이 들고 돈은 안된다는 이유로 이러한 기본에 집중하는 수업 방식을 모두 외면해 왔다. 그 결과, 지금의 기형적인 피트니스 문화가 만들어졌다.

근력운동을 이제 막 시작하는 초보자라면, 처음 6개월은 바벨, 덤벨과 같은 프리웨이트와 맨몸운동 및 걷기, 조깅과 같은 유산소 운동을 연습하며, 기본 동작을 철저히 배우는 데 집중해야 한다. 이 시기의 코칭은 '양'보다 '질', '복잡한 운동 루틴' 보다 '자세'의 정확한 습득이 중요하다. 실제로 위대한 코치들과 선수들은 누구나 '프리웨이트'의 중요성을 강조했다. 동작을 바르게 수행하기 위해서는 일정 시간 동안 좋은 코칭과 반복적인 연습이 필수적이며, 이 과정에서 트레이너의 역할은 당연히 중요하다. 효과적인 운동 방법의 지도를 위해 트레이너는 두 가지 핵심 역량을 반드시 갖추어야 한다.

첫째, 각 운동의 올바른 자세와 원리를 정확하게 이해하고 있어야 한다.
둘째, 회원 각 개인의 신체적 특성과 운동 수행 능력을 파악해야 한다.

예를 들어, 한 회원이 과거 발목 수술의 이력이 있다고 가정해 보자. 이러한 경우, 트레이너는 단순히 '스쾃을 가르친다.'는 것을 넘어서 그 회원이 어떤 방식으로 동작을 안전하게 할 수 있을지 고민해야 한다. 만약 회원이 '발목의 가동성'과 '기능'이 제한되어 있다면, '스쾃'을 할 때, 그만큼 '후면 사슬 근육군'(햄스트링, 둔근 등) 역시 제대로 쓰지 못하고 있을 가능성이 크다고 예상하고, 직접 회원의 상태를 확인한 다음, 방안을 제시하고, 운동을 가르쳐야 한다. 이처럼, 트레이너는 자신의 지식과 경험을 통해 관련 사례와 기억을 꺼내어 적용할 줄 알아야 한다. 위와 같은 상황에서 트레이너가 고려할 수 있는 항목은 다음과 같다.

- 부상의 정도 및 발생 시기, 치료 과정과 회복 후 일상생활에서의 불편함에 대한 상담
- 발목의 가동성 범위 및 기능적 제한 확인
- 맨몸 스쾃을 통한 신체 전반의 움직임 확인
- 코어 (몸통의 중심 근육군)의 안정성과 신체 밸런스 확인
- 빈 바벨을 이용한 '바벨 백 스쾃' 자세 반복 연습
- 필요한 경우, 역도화(뒷굽이 있는 운동화)와 같은 보조 장비의 활용 고려

또한 '바벨 백스쾃'을 할 때에도 '로우바 스쾃'을 할 것인지, '하이바 스쾃'을 할 것인지, '로우바와 하이바 그 중간 위치'에 바벨을 올릴 것인지, 어깨의 가동 범위, 상체 각도, 허리에 긴장 정도 등 다양한 요소를 종합적으로 고려해야 한다. 이러한 판단과 세심한 접근은 누군가에게는 어렵고 복잡한 과정일 수 있지만, 지식, 관찰력, 경험이 충분한 좋은 트레이너라면 매우 자연스럽게 할 수 있는 일이다. 따라서 초보자는 이처럼 자신의 상황을 세심히 고려하며 지도해 줄 수 있는 트레이너를 선택하고, 기본 동작을 바르게 배우고, 자신의 것으로 만드는데 집중해야 한다. 이 방법이 비용을 가장 합리적이고 효과적으로 사용하는 방법이다.

좋은 트레이너를 고르는 일을 타협하지 않기를 바란다. '스쾃', '데드리프트', '벤치프레스'와 같은 운동은 기회가 된다면, 반드시 제대로 배워볼 것을 추천한다. 신체의 많은 부위를 동시에 사용하는 복합적인 동작인 만큼, '정확한 자세를 배우는 것'이 향후 운동의 효과와 부상 예방에 결정적인 역할을 한다. 만약, 배울 수 있는 환경이 여의치 않다면, 신뢰할 수 있는 책과 자료, 유능한 코치나 운동선수의 영상 등을 참고해 혼자 연습하는 것도 대안이 될 수 있다. 물론 이 과정에는 시행착오가 따를 수밖에 없다. 그러나 중요한 것은 포기하지 않는 자세다. 가벼운 중량으로 충분히 연습하고, 동작이 자연스러워질 때까지 무리하지 않는 것, 그리고 언제나 부상은 피해야 한다는 점을 명심하라.

이어서 소개할 내용은 개인적으로 활용해 온 근력 운동 프로그램의 '기초 버전'이다. 먼저, 이 프로그램은 모든 사람에게 똑같이 적용될 수 있는 보편적이며, 만능인 프로그램이 아님을 분명히 밝힌다. 세상에 그런 완벽한 트레이닝 프로그램은 존재하지 않는다. 좋은 트레이너라면, 회원 개인의 신체적 특성과 운동수행 능력, 회원의 목표에 맞춰 프로그램을 새로 만들고 적용해 가르칠 것이다. 프로그램의 큰 틀은 비슷할 수 있지만, 세부적인 구성은 반드시 개인 맞춤형이어야 한다.

이 프로그램을 공유하는 이유는 어디까지나 근력 운동의 전체적인 흐름과 구조를 보여주기 위함이다. 만약 이보다 더 적합한 프로그램이 있다면, 그 프로그램을 사용하는 것이 당연하다. 이 프로그램을 개인이 응용해서 사용하는 것은 상관없다. 단, 상업적인 용도로 사용하는 것은 허용하지 않는다.

1. 기본 설명
- 이 프로그램은 근력운동을 처음 시작하는 초보자를 위한 훈련 계획이며, 완주를 목표로 한다.
- 이 과정을 통해 다양한 운동을 수행할 수 있는 기초 체력과 근력의 기반을 다진다.
- 총 12주간 진행되며, 기본적인 근력 형성과 바벨 운동 및 맨몸 운동의 자세 습득을 목표로 한다.
- 모든 보조 운동은 가벼운 무게로 고반복을 원칙으로 하며, 절대 무리해서는 안 된다.

2. 프로그램 구성
이 훈련 프로그램은 크게 〈전반기(1~3주)〉와 〈후반기 (4~12주)〉로 나뉜다.

⟨전반기 훈련 (1~3주)⟩

- 주 2회(월/목) 정규 훈련 + 1회 보조 훈련
- 전반기 훈련 목표:
    - 운동을 주 2회 이상 실행하며, 운동 습관 형성
    - 기본 동작(바벨/맨몸 운동)의 자세와 몸의 감각 익히기
    - 보조 운동을 통한 심폐 지구력과 유연성 향상
    - 훈련 후 회복 능력 향상

⟨후반기 훈련 (4~12주)⟩

- 주 3회 근력 훈련
- 후반기 훈련 목표:
    - 주 3회, 꾸준한 훈련을 통한 확실한 습관 만들기
    - 전반기에 익힌 동작을 바탕으로 본격적인 근력 향상 훈련
    - 훈련량 및 중량의 점진적 증가에 대한 신체 적응력 향상

3. 주의 사항
- 운동 중 발생할 수 있는 부상, 또는 지병이나 건강 이상과 관련된 문제는 반드시 해당 분야의 전문의를 찾아 정확한 진료 와 상담을 받기를 적극 권한다.

- 무리해서 훈련하는 것과 부상은 가장 피해야 할 요소다. 항상 자신의 신체적 상태를 고려해 안전하게 훈련을 진행하기 바란다.

2. 프로그램 사용법
- 이 프로그램은 체중 70kg 의 성인 남성을 기준으로 훈련 중량 (kg)을 설정했다.

- 만약 당신이 여성이거나 혹은 체중이 70kg 보다 적거나 많다면, 중량을 자신의 체중에 맞게 조정해 훈련할 것을 추천한다.

- 1~3주차 동안 제시된 동작을 최대한 정확하게 익힐 것을 적극 권장한다.
이 시기는 기초 동작을 습득하고 운동 자세를 교정하는 데 있어 매우 중요한 기간이다.

- 4주차 이후부터는 자신의 체중에 비례한 중량으로 훈련 프로 그램을 조절하기 바란다. 예를 들어, 체중이 55kg인 경우 (55 ÷ 70 = 약 0.78) 프로그램에서 제시된 중량의 70~80% 수준으로 무게를 조정해서 운동하면 된다.

- 프로그램에서 제안한 중량이 무겁게 느껴진다면, 부담 없는 수준으로 중량을 조정해서 훈련을 진행하는 것도 바람직한 방법 중 하나다. 초보자에게 중요한 것은 중량보다는 정확한 동작을 하는 것과 익숙해 질때까지 꾸준하게 반복하는 것이다.

- 이 프로그램은 의학적으로 신체와 정신이 건강한 만 40세 이하의 일반인이라면 운동 가능한 수준으로 만들어졌다. 초보자의 경우 성별과 관계없이 일정 수준의 근력 향상이 가능하므로, 프로그램에서 별도의 성별 구분은 두지 않았다.

- 다만, 여성의 경우 상체로 미는 동작(푸시업, 벤치 프레스 등)에 필요한 힘의 발달 속도가 경험상 남성보다 느리다. 그러니 무리하지 말고 자신의 페이스와 컨디션에 맞춰 진행할 것을 권장한다.

3. 기초 근력프로그램

제1주
〈월〉
스트레칭 : 5분 1세트
가벼운 걷기 : 5분 1세트
맨몸스쾃 : 10개 5세트
푸쉬업 (무릎 꿇고): 10개 3세트
데드리프트 자세연습 : 나무봉 8개 5세트
걷기 : 20분 1세트

〈화(보조운동)〉
스트레칭 : 5분 1세트
가벼운 걷기 : 30분 1세트

〈수〉 - 휴식

〈목〉

스트레칭 : 5분 1세트

가벼운 걷기 : 5분 1세트

맨몸스쾃 : 12개 5세트

푸쉬업 (무릎 꿇고) : 10개 3세트

밀리터리프레스 자세연습 : 나무봉 12개 5세트

걷기 : 20분 1세트

〈금, 토, 일〉 - 휴식

제2주

〈월〉

스트레칭 : 5분 1세트

실내 자전거 : 10분 1세트

맨몸스쾃 : 10개 3세트

푸쉬업 (무릎 꿇고): 12개 5세트

백스쾃 자세연습 : 나무봉 10개 3세트

데드리프트 자세연습 : 나무봉 8개 5세트

걷기 : 20분 1세트

〈화(보조운동)〉

스트레칭 : 5분 1세트

가벼운 걷기 : 10분 1세트

조깅 : 10분 1세트

가벼운 걷기 : 20분 1세트

〈수〉- 휴식

〈목〉

스트레칭 : 5분 1세트

실내 자전거 : 10분 1세트

맨몸스쿼트 : 10개 3세트

푸쉬업 (무릎 꿇고) : 15개 4세트

백스쿼트 자세 연습 : 나무봉 10개 5세트

벤치프레스 자세 연습 : 나무봉 15개 5세트

걷기 : 20분 1세트

〈금, 토, 일〉- 휴식

제3주

〈월〉

스트레칭 : 5분 1세트

실내 자전거 : 10분 1세트

맨몸스쾃 : 10개 3세트

백스쾃 자세연습 : 나무봉 10개 2세트

백스쾃 : 15kg 5개 5세트

데드리프트 : 25kg 5개 5세트

밀리터리프레스 : 10kg 3개 3세트

걷기 : 20분 1세트

〈화(보조운동)〉

스트레칭 : 5분 1세트

가벼운 걷기 : 40분 1세트

〈수〉 - 휴식

〈목〉

스트레칭 : 5분 1세트

실내 자전거 : 10분 1세트

맨몸스쾃 : 10개 3세트

푸쉬업 (무릎 꿇고) : 15개 5세트

백스쾃 자세연습 : 20kg 3개 8세트

데드리프트 : 30kg 3개 8세트

벤치프레스 : 15kg 8개 6세트

걷기 : 10분 1세트

〈금, 토, 일〉 - 휴식

제4주

〈월〉

가벼운 걷기 : 40분 1세트

〈화〉(보조운동)

가벼운 걷기 : 20분 1세트

〈수〉- 휴식

〈목〉
가벼운 걷기 : 50분 1세트

〈금, 토, 일〉- 휴식

제5주
〈월〉
보조운동 : 10분 1세트
(*보조운동은 맨몸스쾃, 푸쉬업, 팔벌려높이뛰기, 실내 자전거 등 일반적인 신체활동)
백스쾃 : 25kg 5개 5세트
밀리터리프레스 : 10kg 5개 5세트
데드리프트 : 35kg 3개 5세트
바벨컬 : 10kg 5개 5세트
벤치딥 : 5개 5세트

〈화〉 - 휴식

〈수〉

보조운동 : 10분 1세트

백스쾃 : 30kg 3개 8세트

벤치프레스 : 15kg 12개 5세트

데드리프트 : 35kg 5개 5세트

덤벨컬 : 3kg 20개 3세트

벤치딥 : 8개 5세트

〈목〉- 휴식

〈금〉

보조운동 : 10분 1세트

백스쾃 : 35kg 5개 5세트

풀업(보조) : 6개 5세트

데드리프트 : 40kg 3개 8세트

바벨컬 : 10kg 8개 4세트

벤치딥 : 8개 5세트

〈토, 일〉 - 휴식

제6주
〈월〉
보조운동 : 15분 1세트
백스콰트 : 40kg 3개 5세트
벤치프레스 : 15kg 15개 5세트
데드리프트 : 45kg 3개 5세트
벤치딥 : 10개 5세트
바벨컬 : 10kg 8개 5세트
걷기 : 10분 1세트
(*보조운동은 맨몸스쾃, 푸쉬업, 팔벌려높이뛰기, 실내 자전거 등 일반적인 신체활동)

〈화〉 - 휴식

〈수〉

스트레칭 : 5분 1세트

가벼운 걷기 : 10분 1세트

조깅 : 20분 1세트

가벼운 걷기 : 20분 1세트

〈목〉- 휴식

〈금〉

보조운동 : 15분 1세트

백스쾃 : 40kg 5개 5세트

풀업(보조) : 8개 5세트

데드리프트 : 50kg 3개 5세트

딥스(보조) : 3개 8세트

바벨컬 : 10kg 10개 5세트

걷기 : 20분 1세트

〈토, 일〉- 휴식

제7주

〈월〉

보조운동 : 15분 1세트

백스콰 : 40kg 8개 5세트

밀리터리프레스 : 15kg 5개 5세트

데드리프트 : 55kg 3개 5세트

바벨컬 : 10kg 12개 5세트

딥스(보조) : 5개 8세트

〈화〉 - 휴식

〈수〉

보조운동 : 15분 1세트

백스콰 : 40kg 12개 5세트

벤치프레스 : 20kg 10개 5세트

데드리프트 : 55kg 5개 5세트

덤벨컬 : 3kg 25개 3세트

케이블 푸쉬다운 : 2칸 15회 5세트

〈목〉- 휴식

〈금〉

보조운동 : 15분 1세트

백스쾃 : 40kg 15개 5세트

풀업(보조) : 10개 5세트

데드리프트 : 60kg 3개 8세트

딥스(보조) : 8개 3세트

비하인드 넥프레스 : 나무봉 15개 5세트

〈토, 일〉- 휴식

제8주

〈월〉

가벼운 걷기 : 40분 1세트

〈화〉- 휴식

〈수〉 (보조운동)

조깅 : 30분 1세트

〈목〉 - 휴식

〈금〉

가벼운 걷기 : 50분 1세트

〈토, 일〉 - 휴식

제9주

〈월〉

보조운동 : 20분 1세트

백스쾃 : 45kg 3개 8세트

밀리터리프레스 : 20kg 3개 8세트

데드리프트 : 65kg 3개 8세트

바벨컬 : 15kg 8개 5세트

딥스(보조) : 10개 3세트

〈화〉 - 휴식

〈수〉

보조운동 : 20분 1세트

백스쾃 : 50kg 3개 5세트

벤치프레스 : 20kg 15개 5세트

데드리프트 : 40kg 5개 5세트

덤벨컬 : 3kg 35개 3세트

케이블 푸쉬다운 : 2칸 20회 5세트

〈목〉- 휴식

〈금〉
보조운동 : 20분 1세트
백스쾃 : 50kg 5개 5세트
풀업(보조) : 12개 5세트
데드리프트 : 65kg 5개 6세트
바벨컬 : 15kg 10개 3세트
딥스(약한 보조) : 5개 10세트
(*약한 보조는 보조를 위해 사용하는 밴드의 탄성이 작은 것을 사용한다.)

〈토, 일〉- 휴식

제10주

〈월〉

보조운동 : 20분 1세트

백스쾃 : 50kg 8개 5세트

벤치프레스 : 20kg 25개 5세트

데드리프트 : 70kg 3개 8세트

벤치딥 : 10개 5세트

바벨컬 : 15kg 10개 5세트

걷기 : 10분 1세트

〈화〉 - 휴식

〈수〉

스트레칭: 5분 1세트

가벼운 걷기 : 10분 1세트

조깅 : 30분 1세트

가벼운 걷기 : 10분 1세트

〈목〉- 휴식

〈금〉
보조운동 : 20분 1세트
백스쾃 : 50kg 12개 3세트
풀업(보조) : 15개 3세트
데드리프트 : 73kg 2개 5세트
딥스(보조) : 10개 6세트
바벨컬 : 15kg 15개 5세트
걷기 : 20분 1세트

〈토, 일〉- 휴식

제11주
〈월〉
보조운동 : 15분 1세트
백스쾃 : 55kg 3개 5세트
밀리터리프레스 : 20kg 5개 5세트

데드리프트 : 75kg 3개 5세트
바벨컬 : 20kg 5개 5세트
딥스(약한 보조) : 10개 6세트
걷기 : 10분 1세트

〈화〉 - 휴식

〈수〉
보조운동 : 15분 1세트
백스쾃 : 40kg 5개 5세트
벤치프레스 : 30kg 5개 5세트
데드리프트 : 60kg 3개 5세트
덤벨컬 : 5kg 10개 3세트
케이블 푸쉬다운 : 2칸 25회 5세트

〈목〉- 휴식

〈금〉

보조운동 : 15분 1세트

백스쾃 : 60kg 3개 5세트

풀업(약한 보조) : 10개 5세트

데드리프트 : 77kg 5개 3세트

딥스(보조) : 10개 10세트

비하인드 넥프레스 : 10kg 3개 8세트

걷기 : 20분 1세트

〈토, 일〉 - 휴식

제12주

〈월〉

보조운동 : 20분 1세트

백스쾃 : 65kg 3개 3세트

바벨컬 : 20kg 5개 5세트

딥스 (약한 보조) : 10개 3세트

〈화〉 - 휴식

〈수〉
스트레칭: 5분 1세트
가벼운 걷기 : 50분 1세트

〈목〉- 휴식

〈금〉
보조운동 : 20분 1세트
데드리프트 : 80kg 3개 3세트
벤치프레스 : 30kg 10개 5세트
비하인드 넥프레스 : 10kg 5개 8세트

〈토, 일〉 - 휴식

  이 프로그램은 기존의 다양한 스트렝스 트레이닝 프로그램을 바탕으로, 회원을 지도하면서 개인적으로 수정·보완한 내용이다. 웨이트 트레이닝에 대한 더 많은 정보나 이론적 배경에 관심이 있다면, 다음 도서들을 읽어 볼 것을 추천한다.

- 《스타팅 스트렝스》 - 마크 리피토 저
- 《파워 투 더 피플》 - 파벨 차졸린 저
- 《New 근육운동가이드》 - 프레데릭 데라비에 저
- 《역도 체육지도자 훈련지도서》 - 체육인재육성재단
- 《부상이 가져다준 선물》 - 스튜어트 맥길, 브라이언 캐롤 저
- 《*Science and Practice of Strength Training*》 - Vladimir M. Zatsiorsky 저

이 책들 가운데 일부는 초보자에게 다소 어려울 수 있다. 처음에는 그저 읽어보며 용어에 익숙해지는 것 만으로도 큰 도움이 될 것이다. 어떤 분야를 공부할 때 처음 접하는 용어와 생소한 개념은 공부하는 과정에 있어 반드시 넘어야 할 산이다. 그러니 위 책들을 가까이 두고, 시간이 날

때마다 반복해서 읽어 볼 것을 권한다. 이 책들을 바탕으로 다양한 자료를 접하고, 관련 지식을 확장해 나간다면, 장기적으로 보다 합리적이고 체계적인 선택을 할 수 있을 것이다.

마지막장. 운동은 어렵지 않다.

 사실, 운동 자체는 그리 어렵지 않다. 그러나 운동을 잘하고, 꾸준하게 지속적으로 하며, 운동을 하면서 다치지 않는 것은 생각보다 어렵다. 지친 몸을 이끌고 체육관에 가서 무거운 쇳덩이를 들어 올리거나, 더 잘 달리기 위해 일부러 시간을 내어 꾸준히 뛴다는 것은 오직 인간만이 하는 일이다. 침팬지가 나무를 잘 타기 위해 바나나 다발을 양손에 들고 덤벨컬을 하지는 않을 것이며, 사자가 얼룩말을 사냥할 때 더 빠르게 뛰기 위해 인터벌 훈련을 하지는 않을 것이다. 아득한 먼 옛날, 인간의 조상들 역시 운동을 하지 않았을 것이다. 그저 침팬지나 사자처럼 생존 그 자체에 집중하며 살아갔을 것이다. 그러다 시간이 남으면 여럿이 모여 놀이를 하고, 축제를 즐기고, 그렇게 문명이 발달 하면서 우리는 오랫동안 건강하게 살아가기 위해 '꾸준한 신체 활동'이 필요한 존재가 되어버렸다. 창조론보다 다윈의 진화론을 믿는 사람으로서 이같이 생각한다.

당신이 운동을 왜 해야 하는지에 대해서는 이 책에서 이미 충분히 설명했다. 따라서 마지막 장에서는 그 이유를 반복해 쓰지 않겠다. 앞선 서문에서 잠깐 언급했지만, 내가 이 책을 쓰기로 결심하게 된 계기는 마키아벨리의 『군주론』을 읽고 난 직후였다. 솔직히 말해, 작은 체육관을 운영하는 동네 헬스장 관장에게는 『군주론』같은 고전이 '삶'이나 '밥벌이'에 큰 도움을 주지 않는다. 오히려 머리만 복잡하게 만든다. 그럼에도 수백 년간 사람들이 읽어온 이 책의 영향력을 알고 있는 사람으로서 그 가치를 인정하지 않을 수 없고, 때가 되면, 무엇인가에 홀린 듯, 다시 읽어 보게 된다.

 『군주론』을 모르고 있는 독자를 위해 간단하게 이 책에 대해 설명하겠다. 『군주론』은 마키아벨리가 당시 최고의 권력자 '로렌초 데 메디치'에게 잘 보이기 위해 써서 바친 글이다. 그는 자신이 가진 것 중 가장 소중한 것, 즉, 연구의 결과물이라 할 수 있는 '고대 제도 연구를 통해 얻은 통치의 원리'를 작은 책으로 엮어 '메디치'에게 헌정했다.

대단한 책이며, 시대를 초월해 많은 사람들이 읽었다. [39]이 책을 읽고 있는 독자들도 한 번쯤 『군주론』을 읽어 보기를 권한다.

아주 오래 전, 이탈리아의 피렌체 근교에서 당대 최고의 권력자가 읽던 책을, 좋아진 세상 덕분에, 대한민국에서 작은 체육관을 운영하는 관장도 읽을 수 있게 되었고, 읽으면서 느꼈던 감정과 떠오른 생각들이 이 책을 쓰는 출발점이 됐다.

이 책은, 사람들에게 '운동하라는 잔소리'와 '운동에 대한 지식' 외에는 줄 수 있는 게 없는 한 체육관 관장이, 자신이 경험하고 배워, 익힌 것들을 사람들에게 진심을 담아 전하고자 쓴 글이다.

개인적인 얘기를 하자면, '나'는 운동을 쉽게 배우지 못했다. 경제적으로 여유가 있었거나, 탁월한 신체조건을 타고났다면, 아마 웨이트 트레이닝을 배우지도 않았을 것이며, 지금까지 운동을 가르치며 먹고 살지 않았을 것이다.

---

[39] 이 책은 『군주론』에 비하면 많이 부족하다.

생활비를 벌기 위해 피트니스센터에 취업한 것이 시작이었다. 불행 중 다행스럽게도 오랜 시간 동안 트레이너로 일하며 학비도 벌고, 공부도 조금 더 할 수 있었다. 그리고, 지금은 동네에서 작은 체육관을 운영하며, 마음대로 운동하고, 편안한 책상에 앉아 글을 쓰는 삶을 살고 있다.

운동이란 것이 원래 그렇다. 크게 욕심내지 않고, 큰 부상만 피한다면 대부분 긍정적인 결과를 가져다 준다.

다른 사람에게는 어떨지 모르겠지만, 적어도 나에게는 웨이트 트레이닝이, 역도가, 보디빌딩이, 파워리프팅이, 기능성운동이, 덤벨과 바벨이, 그리고 러닝이 큰 의미가 있다. 그래서 지금, 이 글을 읽고 있는 당신에게 이 책을 통해 내가 생각하는 의미 있는 것인 운동에 대한 경험과 지식을 나눈다.

짧지 않은 시간 동안 직접 경험한 '운동의 장점'들이 이 책을 통해 당신에게도 전해지기를 바라며, 이 글을 마무리한다.

〈끝〉

부록

이번 장에 수록된 '글'은 지난 몇 년간 개인적으로 운영해 온 '체육관 블로그'에 게시했던 '글'이다. 이 책을 읽는 독자들이 알아두면 좋을 내용이거나 전하고 싶은 이야기 중 어색한 부분을 고쳐서 이 책에 부록으로 덧붙인다.

A. 다이어트약이 해결책이 될 수 있다?

2024년 10월 15일부터 비만치료제 "위고비"가 국내에 판매된다. 시장에서 예상하는 가격은 1개월분이 약 80~100만 원이며, 임상실험 결과 68주(약 1년 4개월) 투여 시 약 15%의 체중 감량 효과를 보였다고 한다. '일론 머스크'의 다이어트약으로 유명하며, 이미 전 세계적으로 선풍적인 인기를 끌어, 이 약을 만든 덴마크의 제약회사를 유럽 기업 중 시가 총액 1위에 올려 놓았다.

개인적으로 엄청난 의약품이라는 점에는 이의가 없다.

식욕을 억제해, 덜 먹게 해서 살이 빠지게 되는 원리이며, 자세한 작용기전을 알고 싶은 사람은 [40] 약학 정보원의 자료를 참고하길 바란다. 뉴스에서는 일반인들의 체중 감량에 대해서만 말하지만, 사실 운동선수들도 많이 사용할 것이라 보여지며, 해외에서는 이미 많은 운동선수들이 사용하고 있다. 운동선수들이 사용하는 이유는 단순하다. 대부분의 운동경기는 체급이 존재하며, 체급이 존재하는 경기에서는 체중 감량이 경기에 매우 중요하고, 위고비는 [41]금지약물에 해당하지 않기 때문이다. '위고비' 이전에 나온 작용기전이 유사한 약물들이 '세계 반도핑 기구'에서 승인된 것으로 이미 운동계는 들썩였었다. 그러니 새삼스러울 일도 아니다.

지금부터는 이 약물에 대해 개인적 의견을 적어보겠다.

---

[40] '위고비프리필드펜'으로 검색하면 된다.
[41] 당신이 생각하는 것과는 매우 다르게, 안타깝지만, 스포츠 정신은 이미 사라졌을지도 모른다.

- 당신이 고도 비만이며, 오랜 기간 동안 다이어트에 실패와 도전을 반복했으며, 이에 따라 육체적, 정신적 스트레스 지수가 매우 높은 상태이고, 금전적 여유가 매우 많다면, 여러 전문의와의 (적어도 둘 이상) 상담 후 사용해 볼 수도 있다고 본다.

- 이 약물을 사용해도 결국은 운동과 식이요법이 답이다.

 내가 운동을 가르치는 코치이며, 체육관 관장이기 때문에 무조건 '위고비'에 반대하는 입장일 것으로 생각할 수 있다. 그렇게 생각한다면, 매우 유감스럽다. 약물이 불법이 아니며, 부작용도 거의 없고, 경제적으로 여유가 있다면, 사용하는 것이 왜 문제가 되겠는가? 덧붙여, 오로지 정신력만을 강조하며, 운동을 가르치는 스타일을 개인적으로는 선호하지 않는다. 경험상 일반인의 수준에서 운동을 잘하는 것과 열심히 하는 것은 정신력과 큰 관계가 없기 때문이다. 운동을 잘하고, 힘든 훈련을 잘 버티는 것은 개인의 특성일 뿐이다. 누군가는 공부를 잘하는 것처럼 말이다.

그리고 꾸준하게 운동을 하는 것은 당신이 더 나은 사람이 되는 수백만 가지의 방법 중 하나일 뿐이다.

'위고비'의 역할은 단순하다, 식욕을 억제하고, 포만감을 느끼게 해 덜 먹게 하는 것이다. 약물을 끊으면, 식욕은 돌아오고, 다시 살이 찐다. 결국 '위고비' 역시 근본적인 해결책이 되지 못한다. 일주일에 한 번, 대략 1년 4개월(68주) 투여 시, 15%의 체중 감소를 보인다는 연구 결과가 있다. 이는 120KG의 사람이 약 100KG이 되는 것이다. 이것이 '위고비'의 효과다.

체지방 1kg은 약 7,000kcal 정도다. 체지방 1kg을 없애기 위해 '신체적인 활동' 또는 음식을 덜 먹었을 때, 만약 120kg의 남성이 매일 '300kcal'를 덜 섭취하고, 주당 약 '2,000kcal'를 덜 먹는다면, 1개월마다 체지방만 약 1kg 이상이 사라진다. 14개월 후면 체지방 14kg이 사라진다. '위고비'의 효과와 큰 차이가 없다.

단순한 수학 문제다. 약을 쓰지 않아도 적당한 노력을 꾸준히 하면 되는 것이다. 심지어 위의 가정은 아무런 운동도 하지 않고, 그냥 조금 덜 먹었을 뿐이다. 여기에 덧붙여, 식사 후 간단한 산책을 30분 정도 하는 것으로 운동을 시작해, 1년 4개월 동안 무리하지 않고 꾸준하게 걸었다면, 체중은 더 많이 감소해 있을 것이다. 아마도 1년 4개월 동안 걸었다면, 한 번에 10km는 충분히 걸을 수 있는 체력이 덤으로 생겼을 것이다. 심지어 운동은 약물과 같은 부작용이 거의 없다. 언제나 그렇듯, 진리는 단순하다. 먹은 것보다 더 움직이면, 체중은 감소한다.

'위고비'로 대표되는 다이어트약을 개인적으로 반대하는 이유는 또 있다. 바로 경제적이지 못하다는 것이다. 단순하게 생각해 보자. 최근 몇 년 동안 대한민국에서 '건물주'는 '조물주' 보다 '위' 라고 부르며, 모두가 근로소득 이외의 자본소득(주식, 부동산, 코인 등)을 얻는 것이 유행처럼 번졌다. 다이어트약을 사용하는 데 들어가는 비용이 월 100만원이라면, 연 1,200만원의 쓰지 않아도 될 비용을 지출하는 것이다. 요즘 부동산에 투자해 얻을 수 있는 수익률인 2~3%와 비교해 계산한다면, 당신은 6억짜리 상가 또는 아파트, 오피스텔의 월세 정도의 가치를 다이어트약을 선택함 으로써 포기하는 것과 같다.

만약, 당신이 수준급의 '주식 트레이더'라 가정한다면, 평균적으로 연 10%의 이익을 낼 경우, '위고비'를 사용한다는 것은, 1억 2천만 원의 자본을 시장에 투자해 얻을 수 있는 연수익을 포기하는 것과 같다. 그냥 걷고, 운동하면 쓸데없는 지출을 막을 수 있다. 수익을 포기하지 않아도 된다.

　결정적으로 모든 의약품은 부작용이 있다. 의학 적인 측면에서 위고비의 부작용을 [42]'약학정보원'에서 찾아보길 바란다.

　언제나 그렇듯 세상에 쉽고 빠른 길은 없다. 쉽고 빠른 길에는 항상 대가가 따르기 마련이다. 선택은 각자의 몫이지만, 선택한다면 적어도 충분히 알아보고 선택하길 바란다. 대부분의 사람들은 어릴 때의 건강함을 너무 당연하게

---

[42] 위장관 약물 이상 반응, 급성 췌장염, 급성 담석 질환/담석증, 모발 손실, 골절, 등의 부작용이 존재한다. 자세한 사항은 찾아보길 바란다. 약학정보원에는 좋은 정보가 넘쳐난다. 궁금한 내용을 확인하는 습관을 가지면 좋다.

생각하지만, 인간은 언제나 건강할 수는 없다. 결국은 다치거나 늙는다. 위기가 찾아왔을 때 다시 건강함을 되찾기 위해서라도 지금부터 꾸준히 운동해야 한다. 가장 가성비 있으며, 안전한 대비책은 운동과 식이요법, 즐거운 생각, 소중한 사람들과 보내는 시간 밖에 없다.

B. 헬스 기구의 역사

'웨이트 트레이닝 머신'(헬스기구)은 수십 년 동안 체력단련 및 웨이트 트레이닝에 사용되었다. 덤벨, 바벨 같은 기본적인 운동기구 또한 사용한지 꽤 오랜 시간이 지났다. 초기 형태는 손잡이나 긴 막대에 부착된 추로 구성된 단순한 장비였다.

과거에는 주로 서커스에서 차력쇼를 하는 서커스 단원이 근육과 근력을 키우기 위해 사용했다. 인간은 몸집이 크거나 힘센 사람에 대한 신기함과 경외심을 갖고 있으며, 이는 시간이 지나도 변하지 않고 있다.

'웨이트 트레이닝 머신'은 1, 2차 세계대전 참전용사들의 신체 재활을 돕기 위한 기구로부터 발전했다. 제2차 세계대전 후 미국 정부는 재향군인들이 신체적, 정신적 부상에서 회복할 수 있도록 돕기 위해 재향군인회(VA) 병원을 설립했으며, 그 병원에 환자는 전쟁의 부상으로 신체의 일부 기능을 상실한 환자들이 대부분이었다. 부상병의 재활은 재향군인회 병원의 치료 목표 중 하나였으며, 초기 근력 운동 장비는 부상으로 신체의 기능 일부를 잃어버린 군인의 신체 기능을 회복하도록 돕는 중요한 도구로 자리 잡았다. 상상해 보길 바란다. 한쪽 다리를 잃어 병상에 누워 있던 사람에게 필요한 운동은 바벨을 활용한 '데드리프트' 보다 '레그 익스텐션'이지 않겠는가? 재향군인회 병원에서의 재활을 위한 근력 운동기구의 사용은 웨이트 트레이닝을 신체 재활 및 피트니스의 한 형태로 대중화하는 것에 도움이 되었으며, 세계대전 이후 1960년부터 본격적으로 시작된 미국의 경제 성장에 맞춰 상업용 웨이트 트레이닝 장비의 개발과 피트니스 산업의 성장으로 이어지게 되었다.

피트니스 장비 제조업체는 도르래와 케이블을 사용해 저항을 만드는 '웨이트 트레이닝 머신'을 개발하기 시작했다. '체스트 프레스', '레그 프레스' 및 '랫 풀다운'과 같은 다양한 종류로 생산 되었으며, 신체의 일부분을 고립시킨 상태로 특정 근육에 대해 집중적으로 훈련을 할 수 있도록 개발되었다. 1950년대와 1960년대에 Nautilus

(노틸러스)와 Universal Gym Equipment는 [43]최초의 웨이트 트레이닝 머신에 기반한 서킷 트레이닝 시스템을 도입했으며, 사용자간, 세트 사이 휴식을 최소화하면서 여러 기계에서 신체 각 부분의 운동을 수행할 수 있도록 했다. 노틸러스에서 나온 헬스 머신이 있기 전까지 웨이트 트레이닝은 스승과 제자 간의 또는 코치와 회원간의 '1:1 트레이닝'으로 이루어져 있었다. 훈련 루틴은 프리웨이트 동작으로 구성되었으며, 짐(Gym)은 말 그대로 근력 및 체력 단련을 위한 수련장에 가까웠다. 실제 그 이전까지는 소수의 사람만이 스트렝스 훈련을 했으며, 한 명의 코치가 한 번에 많은 사람을 가르치기 어려웠다. 헬스 기구의 보급은 한 명의 트레이너가 수백 명의 회원을 동시에 지도할 수 있는 방법이었으며, 대량생산 시대의 걸맞은 시스템으로

---

[43] 흔히 헬스 머신 13종 세트로 알려진 기구이다. 우리가 지금 헬스장에서 흔하게 접할 수 있는 기구라 생각하면 된다.

빠르게 미국 전역으로 퍼져 나갔다. 여기에 '조 웨이더', '벤 웨이더' 형제의 뛰어난 사업수완으로 피트니스 산업이 체계화되었으며, 곧 전설적인 인물인, 보디빌더이자 영화배우인 '아놀드 슈워제네거'(Arnold Schwarzenegger)에 의해 폭발적으로 피트니스 업계가 커졌다.

이렇게 수십 년 동안 발달해 온 피트니스는 다양한 운동 프로그램과 기구를 만들어내며 거대한 산업으로 자리 잡았다. 최근에는 신체의 움직임과 일상적인 활동을 강조하는 기능적 트레이닝 시장이 커지고 있다. 웨이트 트레이닝을 즐기는 인구가 많아진 만큼 다양한 세분화가 이루어져 있으며, 개인적으로는 나쁘지 않은 현상으로 보고 있다. 그러나 너무 상업화 되어있는 느낌을 지울 수 없는 것도 사실이다.

이 글을 읽는 여러분에게 개인적으로 당부하고 싶은 말은 "건강 하고 싶다면, 기본을 잘 익히고 배워, 자신에게 잘 맞는 운동을 찾아 몸을 발전시키면 된다." 이다.

운동에는 더 좋고, 나쁜 것이 없다. 방향성의 문제일 뿐이며, 주변에 활용할 수 있는 도구를 활용해 좋은 결과를 끌어내면 그것으로 충분하다. 그러니 일단 시작해라.

C. 훈련을 점차 발전시키고 성과를 추적하는 방법

웨이트 트레이닝은 힘과 근육을 키울 수 있는 가장 효율적인 방법이다. 매일 비슷한 무게와 같은 훈련 루틴을 사용하는 일반인의 경우, 운동을 꾸준하게 하다 보면, 자신의 근력과 운동 수행 능력이 발전하고 있는지 알기 어려운 시기가 온다. 이를 해결하는 가장 좋은 방법은 자신의 훈련 내용을 기록하며, 일정 기간 동안 추적하는 것이다. 훈련의 진행 상황을 확인하고 성과를 추적하는 방법의 핵심은 정확한 계획을 세우고 꾸준히 그 계획을 실행하는 것이다.

좋은 결과를 내기 위한 첫 번째 단계는 명확하고 구체적인 목표를 설정하는 것이다. 구체적인 목표의 예를 들면, 당신이 들어 올리고자 하는 목표 중량, 이루고 싶은 특정 반복 횟수 또는 갖고 싶은 신체적 능력 등이다. 당신이 이미 목표를 가지고 있다면, 그 목표가 무엇이든 구체적으로 측정할 수 있고 달성할 수 있는지 확인하길 바란다. 정확한 목표를 설정했다면, 목표를 달성하는 방법에 대한 계획을 세워야 한다. 계획에는 해야 할 특정 운동의 종류, 세트 및 반복 횟수와 이를 언제 할지에 대한 일정이 포함되어 있어야 한다. 그리고 중간에 포기하지 않도록 현실적인 계획을 세우는 것이 중요하다.

웨이트 트레이닝 프로그램을 할 때에는 가벼운 무게로 시작해 시간이 지남에 따라 점진적으로 무게를 늘리거나 반복 횟수를 늘리는 것이 중요하다. 이렇게 하면 부상을 방지하고 효과적으로 근력과 근육을 기르는 것이 가능하다. 또한 근육에 부하(자극)를 주고, 운동 루틴에 지루함을 느끼고, 신체가 쉽게 적응하는 것을 예방하기 위해 수행하는 운동 프로그램을 어느 정도는 다양하게 해야 한다. 이 부분에서 코치의 경험이 당신에게 많은 도움이 될 것이다.

훈련의 성과를 추적하려면 매번 훈련 내용을 기록하는 것이 중요하다. 여기에는 운동 일지의 작성(매우 중요)과

[44]눈바디 또는 자신의 몸을 촬영하거나 정기적으로 체성분을 측정하는 방법이 가장 쉬우면서도 확실한 방법이다. 어떤 방법을 선택하든 시간의 흐름에 따라 얼마나 좋아지고 있는지 확인할 수 있도록 일정한 기준과 규칙을 가지고 기록하는 것이 좋다.

대부분 가볍게 생각하지만, 신체의 감각에 주의를 기울이는 것도 매우 중요하다. 더 강해지는 느낌이 있는지? 통증이 줄어 들었는지 또는 생겨났는지? 늘 입던 옷이 커졌는지? 와 같은 것들을 가볍게 생각하지 않는 것이 좋다.

운동을 시작했다면, 당신의 몸에 귀를 기울일 필요가 있다. 운동수행 능력과 신체의 기능을 발전시키는 데 도움이 되는 다른 핵심 요소는 좋은 코치나 트레이너를 만나고, 직접 가서 배우는 것이다. 자신의 목표와 요구사항에 맞는 맞춤형 계획을 세우는 데 도움을 줄 수 있을 뿐만 아니라 혼자서는 고치기 힘든 습관을 개선하는데 도움이 되는

---

[44] 눈대중으로 자신의 몸 상태를 확인하는 것을 이르는 신조어다.

노하우와 피드백을 좋은 코치는 제공해 줄 것이다. 그리고 충분한 휴식과 회복 시간을 갖는 것 또한 매우 중요하다.

끝으로 이 글을 읽고 있는 당신은 운동선수가 아닐 확률이 매우 높다. 그러니 운동에 자신의 일상이 매몰되는 일은 없기를 바란다. 손실된 근육이 치유되고, 성장하려면 시간이 필요하므로 충분히 자고 과도하게 훈련하지 않기를 바란다. 엄청난 몸, 신체 기능의 발달은 하룻밤 사이에 만들어지지 않는다는 점을 반드시 기억하기를 바란다. 당신이 원하는 결과를 얻으려면 당신이 생각하는 것보다 많은 시간과 노력이 필요하다.

D. 의약품 정보 검색의 방법

우리는 살면서 다양한 의약품과 건강기능식품을 먹게 된다. 의사의 처방이 필요한 전문의약품의 경우 의사의 진료 이후 약사의 조제를 통해 어느 정도 내 증상에 맞게 처방되어 안전하게 먹을 수 있지만 일반의약품에 경우 증상에 따라 큰 주의 없이 소비되는 경우가 대부분이다. 영양제로 대표되는 건강기능식품 또한 그렇다.

자신의 몸은 타인이 챙겨주지 않는다. 부주의한 의약품, 영양제의 잘못된 복용으로 인한 부작용은 결국 자신이 떠안아야 한다. 자신의 입으로 들어가는 의약품과 건강기능식품에 대한 정확한 정보를 다음의 내용을 참고해 확인하는 습관을 들이길 바란다.

〈신뢰할 수 있는 정보 출처〉

1. 약학정보원

- 웹사이트 : www.health.kr
- 특징 :
  - 전문 약사들이 검증한 의약품 정보 제공
  - 의약품 식별 정보, 복약 정보, 약물 상호작용 등 상세 정보 확인 가능
  - 일반인도 이해하기 쉽게 정리된 약물 정보 제공

2. 식품의약품안전처

- 웹사이트: www.mfds.go.kr
- 특징
  - 국내 허가된 의약품의 공식 정보 확인
  - 의약품 부작용 신고 및 관련 통계 자료 열람 가능
  - 최신 의약품 관련 속보 및 주의사항 확인

〈의약품 정보 검색 시 주의사항〉

1. 정보의 출처 확인
- 개인 블로그나 커뮤니티의 검증되지 않은 정보를 주의할 것.
- SNS를 통해 전파되는 의약품 관련 정보의 진위 여부 검증 필요.
- 해외 제품의 경우 국내 허가 사항과 다를 수 있음을 항상 인지할 것.

2. 최신성 확인
- 의약품 정보는 지속적으로 업데이트 됨.
- 정보 게시 일자나 수정일자 확인 필수.
- 과거 정보가 현재도 유효한지 확인 필요.

3. 전문가 작성 정보의 중요성
- 온라인 정보는 참고용으로만 활용할 것.

- 최종적인 판단은 반드시 의사나 약사와 상담 후 결정할 것.
- 자가 진단이나 치료는 위험할 수 있음.

〈잘못된 정보 획득의 위험성〉

1. 부적절한 정보 출처의 위험
- 상업적 목적의 과장된 정보
- 검증되지 않은 개인 경험담
- 해외 직구 등 불법 의약품 구매 유도 정보

2. 잘못된 의약품 사용으로 인한 위험
- 부적절한 약물 사용으로 인한 건강 악화
- 치료 시기 지연될 가능성 존재
- 의약품 오남용으로 인한 부작용 발생

〈올바른 의약품 정보 활용법〉

1. 체계적인 정보 수집
- 여러 공신력 있는 출처의 정보를 비교 검토
- 의심스러운 정보는 전문가에게 확인
- 정기적인 최신 정보 업데이트 확인

2. 전문가와의 상담 및 진료
- 수집한 정보를 바탕으로 전문가와 상담
- 개인의 건강 상태에 맞는 맞춤 조언 요청
- 정기적인 건강 체크와 약물 사용 검토

3. 기록의 중요성
- 복용 중인 약물 목록 작성
- 부작용이나 특이사항 기록
- 의료진 방문 시 기록한 정보 공유

질병에 대한 예방과 치료는 건강과 직결되는 매우 중요한 사항이다. 신뢰할 수 있는 자료를 통해 정보를 얻고, 반드시 전문가의 의견을 묻는 과정을 거쳐 판단을 내리는 것이 중요하다. 지금까지의 내용을 바탕으로 항상 건강한 일상을 보내길 바란다.

생각을 정리하는 지면

 내가 알려 줄 것과 말하고 싶은 것들은 앞에서 전부 끝났다. 지금부터는 이 책을 읽는 독자인 당신의 지면이다. 대부분의 책은 너무 진지하다. 그래서 메모할 공간조차 추가로 만들지 않는다. 그것이 항상 개인적인 불만이었다. 그래서 〈생각을 정리하는 지면〉을 만들었다. 지금부터는 자유로운 지면이다. 무엇이든 채워 넣기를 바란다.

〈생각을 정리하는 지면 1〉

〈생각을 정리하는 지면 2〉

〈생각을 정리하는 지면 3〉

〈생각을 정리하는 지면 4〉

〈생각을 정리하는 지면 5〉